Marianne Esser · Ella - Ich will in kein Altenheim -

Marianne Esser

Ella

-Ich will in kein Altenheim-

Wahre Begebenheit

public book media verlag
FRANKFURT A/M ✱ LONDON ✱ NEW YORK

Die neue Literatur, die – in Erinnerung an die Zusammenarbeit Heinrich Heines und Annette von Droste-Hülshoffs mit der Herausgeberin Elise von Hohenhausen – ein Wagnis ist, steht im Mittelpunkt der Verlagsarbeit. Das Lektorat nimmt daher Manuskripte an, um deren Einsendung das gebildete Publikum gebeten wird.

Bibliografische Information der Deutschen Nationalbibliothek
Die Deutsche Nationalbibliothek verzeichnet diese Publikation in der Deutschen Nationalbibliografie; detaillierte bibliografische Daten sind im Internet abrufbar über http://dnb.d-nb.de.

Dieses Werk und alle seine Teile sind urheberrechtlich geschützt.

Lektorat: Agnetha Elsdörfer
Herstellung: Anna Maniura

Websites der Verlagshäuser der Frankfurter Verlagsgruppe:

www.frankfurter-verlagsgruppe.de
www.frankfurter-literaturverlag.de
www.frankfurter-taschenbuchverlag.de
www.publicbookmedia.de
www.august-von-goethe-literaturverlag.de
www.fouque-literaturverlag.de
www.weimarer-schiller-presse.de
www.deutsche-hochschulschriften.de
www.deutsche-bibliothek-der-wissenschaften.de
www.haensel-hohenhausen.de
www.prinz-von-hohenzollern-emden.de

Nachdruck, Speicherung, Sendung und Vervielfältigung in jeder Form, insbesondere Kopieren, Digitalisieren, Smoothing, Komprimierung, Konvertierung in andere Formate, Farbverfremdung sowie Bearbeitung und Übertragung des Werkes oder von Teilen desselben in andere Medien und Speicher sind ohne vorhergehende schriftliche Zustimmung des Verlags unzulässig und werden auch strafrechtlich verfolgt.

Gedruckt auf säurefreiem, alterungsbeständigem Papier, hergestellt aus chlorfrei gebleichtem Zellstoff (TcF-Norm).

Printed in EU

ISBN 978-3-86369-325-1

©2018 FRANKFURTER TASCHENBUCHVERLAG

Ein Unternehmen der
FRANKFURTER VERLAGSGRUPPE
AKTIENGESELLSCHAFT
Mainstraße 143
D-63065 Offenbach
Tel. 069-40-894-0 • Fax 069-40-894-194
E-Mail: lektorat@frankfurter-literaturverlag.de

*In der heutigen Zeit verbringen immer mehr
Menschen ihre letzten Lebensjahre in einem
Altenheim. Ella wurde davon
auch nicht verschont.
Wie es dazu kam, erzählt diese
kleine Begebenheit.*

Da will ich nie hinein!

Danke Ulrike

So kann es nicht weitergehen, schallte es durch unsere Wohnung. Obwohl wir nur eine kleine Wohnung haben, hatte ich das Gefühl, in einem großen Saal zu stehen. Die Erregung, die in der Stimme meines Mannes lag, erschreckte mich. Wenn etwas geregelt werden musste, ging er es immer sehr ruhig an. Jetzt aber war er richtig aufgewühlt. Was war geschehen? Ich hatte keine Zeit nachzudenken, er hatte es wohl getan.

Es spielt sich seit Monaten immer das Gleiche bei uns ab. Du fährst zur Leibnizstraße, kommst wieder, setzt dich in den Sessel und fängst an zu weinen. Ja, so war es wohl.

Ich war leer und hatte nicht mehr die Kraft, es zu verbergen. Wollte ich auch nicht mehr, denn ich hatte mich längst damit abgefunden, dass sich in unserer Familie etwas ändern müsste. So schwer es mir auch fiel, wir hatten beschlossen, Ella in ein Altenheim zu geben.

Es war für mich schlimm, wenn ich darüber nachdachte, dass andere Menschen auch einmal so mit mir verfahren könnten. Dieses unangenehme Gefühl, nicht mehr über mich selbst entscheiden zu können, nahm mir fast den Atem. Doch es ging nicht um mich, sondern um Tante Ella.

Sie war die Schwester meiner Schwiegermutter und gehörte zu uns wie eine Oma. Ihren Mann und Sohn verlor sie im Krieg und somit war sie ein Teil der Familie geworden und bei allen Feierlichkeiten, die bei uns stattfanden, dabei. Ich glaube, wenn wir Tante Ella nicht eingeladen hätten, wäre meiner Schwiegermutter bestimmt eine Entschuldigung eingefallen, auch nicht zu kommen. Die Zwei gehörten einfach zusammen. Es waren zwei liebe Menschen, die man gut um sich haben konnte, und sie freuten sich immer, wenn sie dabei sein durften.

Wenn Gero sie abends nach Hause brachte, bedankten sie sich und dann kam meistens noch der Satz: bis zum nächsten Mal. Wir wussten schon, dass wir ihnen eine große Freude machten, wenn wir sie zu uns holten.

Die beiden Schwestern hatten jeder eine Wohnung für sich, das war auch gut so, da Ella trotz ihrer Nettigkeit einen sehr starken Willen hatte. Sie setzte ihn durch, ob es angebracht war oder nicht. Was sie dachte, sagte sie, was sie wollte, führte sie aus. Ihre Schwester war eher ruhig und zurückhaltend, zwei ganz unterschiedliche Charaktere. Meine Schwiegermutter kleidete sich gerne chic, während Tante Ella nie etwas Neues brauchte. Vielleicht waren es auch die zehn Jahre, die sie voneinander trennten.

Einmal begegnete mir Ella in der Stadt, ich hätte sie am liebsten übersehen. Der Mantel, den sie trug, war uralt. Ehrlich gesagt störte mich nicht der Mantel, sondern vielmehr der weitgeschnittene Rock, der wenigsten fünfzig Zentimeter darunter hervor kam. Es sah unmöglich aus, sie hatte es wirklich nicht nötig, so herumzulaufen. Viel später entdeckten wir zwei neue Mäntel in ihrem Kleiderschrank. Die Preisschilder waren nicht einmal abgeschnitten.

Vor drei Jahren war Tante Ella beim Heraufholen der Kohlen aus ihrem Keller im Hausflur gefallen. Wie das so oft bei älteren Menschen ist, wenn sie stürzen, hatte sie einen Oberschenkelhalsbruch. Sie hatte furchtbare Angst, was auch mit fast 87 Jahren gut zu verstehen war. Ins Krankenhaus geh ich nicht, das heilt schon wieder. Leider konnten wir ihr das nicht ersparen. Bisher war sie von Krankheiten verschont geblieben, nun sollte sie operiert werden. Das musste sie erst verkraften. Es verlief alles sehr gut und schnell. Wie schon gesagt, ihr Wille war stark und wieder richtig laufen wollte sie schon.

Der Tag der Entlassung rückte heran und somit das Gespräch mit dem Chefarzt. Es sollte ihr Leben ändern. Chefarzt und Schwestern wünschten ihr für die bevorstehenden Jahre alles Liebe und Gute. Ella bedankte sich und versprach demnächst beim Kohleholen besser aufzupassen. Das war der entscheidende Satz. Als der Arzt hörte, dass sie eine Wohnung ohne Heizung hatte, sagte er, dass sie dorthin nicht mehr zurück könne. Die Verantwortung, dass eine 87-jährige Frau Kohlen aus dem Keller holen muss, um ihre Wohnung zu heizen, könne er nicht übernehmen.

Lachend sagte sie: „Aber Herr Doktor, wo soll ich denn wohl hin."

Es wurde ein Gespräch mit uns vereinbart. Wir standen nun vor dem Problem, dass eine Wohnung mit Heizung her musste. Ellas Entlassung wurde um eine Woche verschoben. Gut, dass es die achtziger Jahre waren, heute hätten wir bestimmt Schwierigkeiten.

Mein Verhältnis zu Tante Ella war immer sehr gut, trotzdem ich nur eine angeheiratete Nichte war. Gero war ihr eigentlicher Neffe und dann waren da noch drei Schwestern meines Mannes. Heute frage ich mich, warum wandte sie sich an mich.

Zunächst wollte sie von einem Umzug nichts wissen. Tausend Ausreden erfand sie, um da bleiben zu können, wo sie seit zwanzig Jahren wohnte. Verstehen konnte ich sie, wir hatten auch alle darunter zu leiden.

Alte Bäume soll man nicht verpflanzen, da ist was dran. Die Wurzeln stecken tief im Erdreich und so ist es wohl auch mit uns Menschen. Wir schaffen uns ein irdisches Zuhause, unsere Seele fühlt sich darin wohl. Je älter man wird desto schwieriger ist es das Altgewohnte gegen etwas Neues auszuwechseln.

Bei Ella musste es wohl sein, wenn sie nicht in ein Altenheim kommen sollte. Der Arzt hatte vorsichtig diesen Vorschlag gemacht und keiner von der Familie hatte dagegen gesprochen. Ich muss sagen, dass hatte mich schon ziemlich schockiert. Ella war geistig und körperlich trotz ihres hohen Alters gut in Form. Der Oberschenkelhalsbruch sollte sie nun in ein Altenheim befördern.

Gero und ich wurden nicht so recht damit fertig. Wir stellten uns die Frage, was werden würde, wenn sie in der neuen Wohnung nicht alleine zurechtkommt. Zunächst wollte ich mal den Wohnungsverwalter aufsuchen. Tante Ella hatte bis zum 65. Lebensjahr in einem Betrieb gearbeitet, der Glas produzierte. Diese Firma stellte ihr auch eine Wohnung zur Verfügung. Sie war klein, aber Ella war damit zufrieden. Die Miete war angenehm und was ganz wichtig war, der Autobus hielt vor ihrer Haustür. Sie fuhr regelmäßig zu ihrer Schwester und den Wochenmarkt besuchte sie auch sehr gerne und dazu benötigte sie den Bus. Hinterm Haus hatte sie ein Stückchen Garten, da hing sie mit ihrem ganzen Herzen dran. Wenn Ella Blumen verschenkte, waren sie mit Sicherheit aus ihrem Garten. Mit viel Sorgfalt pflegte sie ihre Rosen und Dahlien. Ich konnte sie gut verstehen, dass sie traurig war.

Für mich war es eine Selbstverständlichkeit eine Wohnung mit Heizung zu bekommen, da es ja nur ein Tausch war. Wohnung ohne Heizung gegen Wohnung mit Heizung. Wie konnte ich nur so naiv sein. Zurzeit wurden die Wohnungen dieser Firma fast alle auf Heizung umgestellt. So einfach wie ich mir das vorstellte ging es aber nicht.

Mein Gefühl für Ella, sie vor dem Altenheim zu bewahren, war so stark, dass ich fest daran glaubte, dass doch noch alles gut ausgehen würde. Zweifel ließ ich gar nicht erst aufkommen. Für einen Augenblick schloss ich die Augen, lieber Gott wenn du es willst, werde ich eine Wohnung bekommen. Er wollte. Nach langem hin und her hatte ich eine Wohnung mit Heizung. Der Wohnungsverwalter sagte mir, er habe am Vormittag eine Wohnung an junge Leute vergeben, die aber keine Bindung an das Glaswerk hatten, somit war Tante Ella im Vorteil. Die endgültige Entscheidung lag aber beim Wohnungsverwalter. In 2-3 Wochen könnte ich ja noch einmal nachfragen. Mein Gesichtsausdruck muss ihn bewegt haben, denn er bat mich noch einen Augenblick Platz zu nehmen, ich war nämlich schon aufgestanden, um mich zu verabschieden. Mit einem überlegenden Blick sah er mich an, zögerte noch einen Moment und dann sagte er, ich werde etwas ändern. Als ich draußen war hätte ich jubeln können, doch im gleichen Augenblick überkam mich ein Gefühl der Wehmut. Wie lange müssten die jungen Leute nun noch auf eine Wohnung warten. Da ich aber an keine Zufälle glaube, stellte ich mit vor, diese

Familie, sie hatten nämlich ein kleines Mädchen, bekäme eine Wohnung die größer war als 43qm.

  Zufrieden fuhr ich ins Krankenhaus und berichtete von meinem Erfolg. Begeisterung wurde mir nun wirklich nicht entgegen gebracht. Mein Hals schnürte sich zu und meine Tränen musste ich unterdrücken. War meine Freude zu groß gewesen? Eins wollte ich aber bestimmt nicht aufgeben, nein so schnell nicht, war doch eine Wohnung allemal besser als das Heim.

  Meine ganze Überredungskunst wendete ich an, um Ella davon zu überzeugen, dass sie eine schöne Wohnung bekomme. Die beiden Damen, die mit ihr das Zimmer teilten, sprachen ihr auch viel Mut zu. Sie meinten, es sei nicht so selbstverständlich, dass sich eine Nichte so fürsorglich um eine Tante kümmere. Sie sah mich mit leuchtenden Augen an, als wollte sie sagen, ach Anneken macht das schon. Da ich den ganzen Tag unterwegs war, wollte ich nach Hause. Ich legte ihr den Mietvertrag auf die Konsole und den Stift daneben. Wenn du es dir überlegt hast, kannst du ja unterschreiben, wenn nicht, gebe ich die Wohnung morgen wieder zurück. Es hatte wohl bei ihr gezündet. Wenn sie die Wohnung nicht nahm, war das Heim ihr sicher und das wollte sie unter keinen Umständen. Am gleichen Abend unterschrieb sie noch den Vertrag. Mir fiel ein Stein vom Herzen.

Da wir nicht viel Zeit hatten, denn ihr Entlassungstermin rückte näher, musste alles sehr schnell gehen. Der Umzug war nicht so schwierig. Wir nahmen kaum Möbel mit. Ihre alten Möbel hätten den Transport kaum überstanden. Da Ella ihr ganzes Leben sparsam war, wurde auch für Einrichtungsgegenstände nicht viel Geld ausgegeben.

Wir hatten es auch ein wenig zur Bedingung gemacht neue Möbel zu kaufen, das Geld dafür war vorhanden. Warum sollte sie es nicht endlich mal für sich selbst ausgeben. Telefon und Fernseher waren sowieso nicht vorhanden. Meine Schwiegermutter führte ein langes Gespräch mit ihrer Schwester. Das Ergebnis war prima, wir konnten groß einkaufen. Nach fünf Tagen hatten wir eine kleine Puppenstube gezaubert.

Heute kommen mir oft die Gedanken, wie konnte alles so gut klappen. Der Anstreicher, der Dekorateur, die Möbel, alles stand für uns bereit.

Für einen Augenblick erfüllte mich die Freude, Ella vielleicht geholfen zu haben.

Der Kaffeetisch war gedeckt, dekoriert mit frischen Blumen und Kerzen, so wie es sein soll, wenn liebe Gäste kommen. Wir erwarteten keine Gäste, sondern Ella, die aus dem Krankenhaus entlassen wurde. Wir waren alle gespannt, was würde sie wohl sagen, hatte sie doch überhaupt keine Ahnung was geschehen war. Langsam ging sie mit ihrer Gehstütze durch die Räume. Wohlwollend sah sie uns alle an. Wir waren erleichtert, war ja doch alles fremd für sie. Selbst Telefon und Fernseher hatte sie akzeptiert.

Zu der Wohnung gehörte ein kleiner Balkon, den wir natürlich schon bepflanzt hatten. Von dort konnte sie in eine kleine Gartenanlage schauen. Die alten Bäume, Buchen, Birken und Flieder ließen sogar ein Lächeln bei ihr sichtbar werden. Sie war wohl zufrieden mit dem, was wir in der kurzen Zeit geschaffen hatten. Sie war sehr dankbar. Ella brachte das zum Ausdruck, in dem sie sagte, wenn ich euch nicht hätte, wo wäre ich dann wohl geblieben.

Da Ella noch schlecht laufen konnte, blieb meine Schwiegermutter bei ihr, es wurden drei Jahre daraus. Ella wurde in den kommenden Monaten immer schwieriger. Sie konnte es einfach nicht annehmen, nicht mehr so laufen zu können wie früher. Ihre Unzufriedenheit wurde von Tag zu Tag größer. Der Therapeut kam dreimal in der Woche, doch viel geholfen hat es nicht. Sie wollte auch nicht. Der junge Mann hatte es gar nicht so leicht mit ihr.

Am meisten tat mir meine Schwiegermutter leid. Sie musste die Launen von Ella den ganzen Tag ertragen. Schon am frühen Morgen kommandierte sie Mutter, was sie alles machen sollte. Wir hatten so oft zu Mutter gesagt, sie solle nicht immer auf alles eingehen, was Ella wollte. Die Antwort war immer die gleiche, sie ist doch krank. Dass sie eher krank werden sollte als Ella, war ihr im Augenblick noch nicht bewusst. Der Zusammenbruch war vorauszusehen.

Gilla war die jüngste Schwester meines Mannes. Die Beiden waren zehn Jahre auseinander, verstanden sich aber gut. Mutter brachten wir für einige Tage zu ihr und ihrem Mann. Nach einer Woche kam Mutter ins Krankenhaus. Der Arzt vermutete Magengeschwüre, was auch stimmte. Nach einigen Wochen Krankenhausaufenthalt

konnte sie dann wieder in ihre Wohnung zurück, die wir zum Glück nicht aufgegeben hatten.
Nun fing alles wieder von vorne an. Was soll geschehen, wie sollte es weitergehen? Drei Jahre waren in der Zwischenzeit vergangen. Mir kam es vor als wäre es gestern gewesen.
Nun standen wir zum zweiten Mal vor dem gleichen Problem. Gedanken zogen wie Wolken am Himmel an mir vorüber. Ich war überzeugt immer Herr meiner Gedanken zu sein, im Augenblick bestimmt nicht. Es muss etwas geben dem man nicht entrinnen kann. Schicksal?
Einmal hatten wir es geschafft dem Altenheim ein Schnippchen zu schlagen. Schaffen wir es noch einmal oder werden sich irgendwann die Pforten eines Heimes für unsere Ella öffnen, in das sie nie hinein wollte. Ich holte mein Meditationsbänkchen und versuchte zur Ruhe zu kommen. Konnte aber auch hier keinen Erfolg verbuchen. Einen Spaziergang wollte ich nicht machen, es regnete in Strömen. Ich entschloss mich aber dann doch dazu. Der Regen machte meinen Kopf wieder klar.
Abends besprachen Gero und ich die Situation. Wir wollten Beate mit einbeziehen, sie war

ebenfalls eine Schwester von Gero. Am nächsten Tag rief ich meine Schwägerin an. Wir verabredeten uns zu einem Gespräch. Mir wurde plötzlich klar, dass ich da alleine nicht mehr mit fertig wurde. Beate war, so glaubte ich wenigstens die richtige Person. Sie verstand sich mit Ella gut, somit wendete ich mich an sie. Mit Erfolg. Beate war sofort einverstanden mir zur Seite zu stehen. Ich musste feststellen, dass Frauen oft schnell etwas geregelt bekommen. Männer brauchen meistens eine lange Bedenkzeit und die hatten wir mal wieder nicht. Ella musste ja schließlich versorgt werden. Wir wollten Ella erst einmal zu Hause betreuen. Ob wir es wirklich schafften, stand in den Sternen. Wir mussten es versuchen. Von heute auf Morgen hätten wir sie nicht in ein Heim bringen können, da zu der Zeit noch keine Zimmer leer standen und ausgerechnet auf uns warteten. Wir waren fest davon überzeugt wir würden es schaffen. Der gute Wille war da. Das wir uns nicht nur nach Ella richten konnten war für uns selbstverständlich, hatten wir doch beide eine Familie zu versorgen.

Am Anfang ging alles ganz gut. Ella lief mit Ihrer Gehstütze durch die Wohnung, an der sie im Laufe der Zeit immer mehr auszusetzen hatte. Mal war sie zu hoch eingestellt mal zu tief. Ihre Nörgelei wurde immer größer. Manchmal konnte ich kleine Gespräche mit ihr führen, aber meisten wollte sie nichts davon wissen. Sie fühlte sich wohl wenn sie nörgeln konnte. Ich war oft traurig, musste zusehen wie sie ihren Halt verlor und konnte nichts dagegen tun.

Ella war eine praktizierende Christin bis zu dem Zeitprunkt, wo sie von ihrem Schicksal heimgesucht wurde. In unseren Gesprächen sagte ich ihr immer wieder, warum betest du nicht. Die Antwort kam prompt. Gott kann mir auch nicht helfen oder glaubst du er würde es schaffen, dass ich wieder laufen könnte? Da hätte er mir die Krankheit ja gar nicht erst schicken brauchen.

Mir fiel das Buch von Thorwald Dethlefsen ein, „Schicksal als Chance". Ich konnte ihr nicht klar machen, dass Gott ihr die Krankheit bestimmt nicht geschickt hatte und wenn, könnte man vielleicht auch etwas daraus lernen. Es war auch wohl zu viel verlangt, war Ella doch fast 90 Jahre.

Abends brachte ich sie meistens zu Bett. Vorsichtig fing ich an ein Nachtgebet zu sprechen. Beten musste ich alleine, obwohl es ihr bekannt war. Widerwillen und Abneigung brachte sie mir entgegen. Konnten so viele Aggressionen in einem alten Menschen vorhanden sein? Ich konnte es manchmal nicht verstehen. In früheren Jahren war Ella eine nette liebe Tante. Diese Seite ihres Lebens hat sie lange gelebt, sollte nun die andere Seite folgen. Sicherlich war die Berechtigung vorhanden, nur passte es mir nicht, dass ich immer die Ablade sein sollte. Ich betete lange alleine. Eines Abends hörte ich ein leises Flüstern. Vor lauter Freude bekam ich eine Hitzewelle, mit denen musste ich auch noch fertig werden. Von nun an beteten wir zu zweit. Ella hatte wohl gemerkt, dass sie nach dem Abendgebet ruhiger wurde und gut einschlafen konnte.

In letzter Zeit habe ich festgestellt wie groß Freude sein kann, wenn sich Erfolge einstellten. Sind sie auch noch so klein und für manche Menschen vielleicht unwichtig, für mich hatten sie im Augenblick eine große Bedeutung. Ich hatte ein Aufgabe übernommen, hatte A gesagt, musste nun auch B sagen. Wie schnell man in so eine Situation hinein rutscht ist mir jetzt erst richtig klar geworden. Ich hatte Ella die Wohnung vermittelt, aber von einer ständigen Betreuung oder gar Pflege war nie die Rede. Mein Gottvertrauen half mir. Ich konnte so manches loslassen und stellte oft fest, dass es sich von selbst erledigt hatte. Mittlerweile hatten wir eine Krankenschwester von der Altenpflege bekommen. Sie kam jeden Morgen. Für uns war es eine große Hilfe, brauchten wir doch nicht schon in der Frühe zu Ella fahren. Ich hatte es etwas bequemer als Beate. Ich fuhr mit dem Wagen, sie musste mit dem Bus fahren. Es war schon etwas umständlicher. Die Schwestern machten eine kleine Frühstückspause bei Ella. Oft brachten sie frische Brötchen mit und ich sorgte dafür, dass der Kühlschrank gut bestückt war. Es hätte alles so schön sein können, wenn Ella zufriedener gewesen wäre. Ihre Nörgeleien wurden immer größer. Nörgelei wurde bei uns zum Schlagwort.

Drei Schwestern kamen im Wechsel zu uns. Sie waren alle sehr nett und kamen auch ganz toll mit unserer Ella aus. Den Frust, den ließ Ella an Beate und mir aus.

Ellas Wohnung war tip-top in Ordnung. Die Friseure und Fußpfleger kamen ins Haus. Eigentlich hatten wir alles ganz gut organisiert. Gilla kümmerte sich weiterhin um meine

Schwiegermutter. Es dauerte lange bis sie sich wieder richtig erholt hatte. Meine Schwägerin verwöhnte sie und ich glaube Mutter hat es auch genossen. Zuneigung und Liebe versuchten wir ihr entgegen zu bringen. Es klappte nicht immer bei allen Kindern, aber wo ist schon alles hundertprozentig. Eins stand fest, wenn Mutter jemanden brauchte, war einer da von ihren vier Kindern. Nach ihrer Krankheit nahm sie alles intensiver wahr, sie fing wieder richtig an zu leben.

Von Ella konnten wir das nicht behaupten. Mutter verschaffte uns den Ausgleich. Oft verglich ich die beiden Schwestern, sie waren so unterschiedlich. Eine Gemeinsamkeit verband sie, die Liebe zur Natur. Blumen liebten sie über alles, selbst die ersten Gänseblümchen wurden mit viel Freude begrüßt.

Es lebte noch eine dritte Schwester in der Nachbarstadt, mit der sie aber beide wenig Kontakt hatten. Sie kam mal zu Besuch, aber dann sahen wir sie viele Monate nicht mehr. Tante Dörthe hatte ihre eigene Familie. Zwei Töchter und Enkelkinder, damit war der Tag ausgefüllt.

Ob es Überarbeitung war, ich weiß es nicht, jedenfalls musste ich vier Wochen das Bett hüten.

Eine Nierenentzündung wurde festgestellt. Sollte mir alles an die Nieren gegangen sein?

Da ich der festen Überzeugung bin, dass Krankheiten uns immer etwas zu sagen haben, fing ich an darüber nachzudenken. Was hatte ich alles falsch gemacht. Schnell wurde mir klar, dass ich für mich selbst fast keine Freizeit mehr hatte. Meine Abendmeditation fand nicht mehr statt weil ich zu müde war, somit verschloss sich meine Kraftquelle. Meine Seele hatte sich gemeldet und der Körper brachte es zum Ausdruck, in dem ich durch eine Krankheit ans Bett gefesselt wurde. Es waren ja nicht nur Ella und meine Schwiegermutter die unsere Hilfe brauchten, da gab es auch noch meine Mutter. Sie war 86 Jahre und wurde seit einigen Jahren von meiner Schwester und mir versorgt. Sie kam verhältnismäßig noch gut in ihrem Haushalt zurecht. Wir putzten und kochten, wechselten uns darin ab und bekamen das alles so in den Griff. Es musste einfach gehen. Wir dachten auch nicht darüber nach, waren es doch Menschen die uns zugetan waren. Sie brauchten unsere Hilfe und die versuchten wir soweit es möglich war ihnen zu geben.

Am Nachmittag kam Karola, die Frau meines plötzlich verstorbenen Bruders. Unsere Mutter war also gut betreut. Es war schon ein Geschenk des Himmels, dass wir uns in unseren Familien einigermaßen verstanden. Der Unglücksfall meines Bruders beeinflusste die Krankheit meiner Mutter sehr. Sie wurde nicht mehr damit fertig, wollte es aber uns gegenüber nicht wahrhaben.

Während ich das Bett hütete kam Mutter ins Krankenhaus. Gut, dass es meine Schwester Ulla und Schwägerin Karola gab. Von mir war im Augenblick keine Hilfe zu erwarten. Ich hatte auf einmal viel Zeit über alles nachzudenken. Ich stellte fest, es ging auch ohne mich. Jeder Mensch ist zu ersetzen. Es war ein oft zitiertes Sprichwort von mir. Nun stand es für mich. Trotzdem war mir bewusst, dass der Mensch den anderen braucht. In der Lage in der wir uns befanden ganz bestimmt.

In der Woche nach Weihnachten konnte ich meine Mutter zum ersten Mal im Krankenhaus besuchen. Vier Wochen später verließ sie uns. Das Kreuz, dass jeder Mensch zu tragen hat, ist nie so schwer, dass er es nicht schaffen kann. Wir haben es auch geschafft.

Meine Gesundheit war noch nicht richtig wieder hergestellt, aber der Gedanke, dass Beate nun schon seit Wochen Ella versorgen musste beunruhigte mich.

Der Mittelpunkt meiner Familie war nicht mehr da, Ella war da eine Ablenkung. Zum ersten Mal überkam mich ein Gefühl welches ich nicht beschreiben konnte. Solange Mutter noch lebte hatte ich nicht das Gefühl, schon zu der älteren Generation zu gehören. Mit meinen 60 Jahren schaffte ich noch eine ganze Menge. Wenn man es selbst nicht so empfindet macht die Jugend es uns schon klar. Einige Tage später fiel in einem Gespräch der Satz, ja nun seid ihr die Alten. Komischerweise berührte es mich nicht. Ich war gesund, fühlte mich wohl und hatte ja schließlich noch eine Aufgabe. Tante Ella.

Der Sommer kam, Ella lief immer schlechter. Wir hatten beschlossen einen Rollstuhl zu kaufen, damit wir sie an die frische Luft fahren konnten. Das erste was sie sagte, war: den braucht ihr gar nicht erst kaufen, da setz ich mich sowieso nicht rein. Was sollen wohl die Nachbarn denken, wenn ihr mich im Rollstuhl durch die Gegend schiebt. Diesen Satz sollten wir noch oft zu hören bekommen, Ich war mir meiner Sache nicht ganz sicher, mussten wir ja den Rollstuhl selbst bezahlen. Die Krankenkasse wollte die Kosten nicht übernehmen, mit der Begründung, es sei noch nicht nötig, da gäbe es noch viel schlimmere Fälle. Kauften wir nun den Stuhl und sie benutzte ihn nicht, war das Geld rausgeworfen. Es gab also ein Risiko welches wir eingingen. Mein Mann übernahm die Verantwortung, der Rollstuhl wurde gekauft. Wir mussten schon etwas Druck ausüben, damit sie sich überhaupt einmal den Stuhl ansah und sich schließlich rein setzte. Wenn du nicht an die frische Luft kommst wirst du wohl bald im Krankenhaus sein, das wirkte.

So oft wir konnten fuhren wir Ella spazieren, begleitet von Missmut und Nörgeleien, die immer schlimmer wurden. Die Sonne lachte. Das frische Grün der Bäume und die Vielfalt der Blumen, nichts konnte sie begeistern. Ja, ja, aber ich kann nicht laufen. Dass sie zwei gesunde Augen hatte bemerkte sie nicht. Ihre Krankheit konnte sie nicht annehmen, trotzdem sie keine Schmerzen hatte. Sie hätte noch einen schönen Lebensabend haben können, war sie doch sonst ganz gesund. Ihr Hausarzt sagte immer, der Kreislauf funktioniert wie bei einem jungen Mädchen. Dann strahlte unsere Ella. Im gleichen Atemzug folgte dann der Satz, aber Herr Doktor ich kann doch nicht laufen. Liebe Frau Weiss, neue Beine kann ich ihnen auch nicht verschreiben, sagte er humorvoll.

Aufgrund meiner Krankheit bekam ich eine Erholungskur. Im September sollte ich sie antreten. Vier Wochen für mich ganz alleine, was konnte ich da alles machen. Joga, Meditation, lesen, spazieren gehen, all das hatte ich sehr vernachlässigt. Ich konnte es noch nicht fassen. Die Tür ging auf und Gero trat ein. Er freute sich mit mir. Du brauchst dich um mich nicht sorgen, nur wie regeln wir das mit Ella? Nun war ich wieder hellwach. Konnte ich Beate mit der ganzen Arbeit allein lassen, die Gesündeste war sie auch nicht. Ganz bestimmt wollte ich nicht, dass sie auch einen Zusammenbruch erlitt, nur weil ich vier Wochen zur Kur fahren sollte. Wieder ein Problem? Ich setzte mich für einen Augenblick auf mein Bänkchen und schlief glatt ein. Auf einmal wusste ich, dass alles gut gehen würde. Ich war mir ganz sicher und fühlte mich an dem Abend richtig wohl. In meinem Leben habe ich immer wieder festgestellt, dass zur gegebenen

Zeit das Richtige geschieht. So sollte es auch jetzt sein.

Im Haus von Ella wohnte eine alleinstehende Dame, Frau Kruse. Sie war ungefähr in meinem Alter. Mir war bekannt, dass sie eine kleine Rente hatte, gerne mal verreisen würde, aber die finanziellen Möglichkeiten es nicht erlaubten. Ich bat sie um ein Gespräch, erzählte ihr alles und bekam sofort eine Zusage. Wir hatten vereinbart, dass sie nachmittags sich um Ella kümmerte. Sie war auch viel allein und da war das für sie eine willkommene Abwechslung. Ich war ihr sehr dankbar. Schließlich ging es ja um meine Kur, auf die ich nicht so gerne verzichten wollte.

Es fing mit Frau Krause eine schöne Zeit an. Sie lachte gerne und verstand sich mit Ella gut. Wir wunderten uns immer mehr. Ella verstand sich mit fremden Menschen wunderbar. Kam einer von uns, egal wer es war, legte sie los. Was wir uns alles anhören mussten war manchmal unmöglich. Wir waren an allem schuld. Dass sie in dieser Wohnung war, dass sie allein war, dass sie nicht mehr richtig laufen konnte, dass ihre Schwester nicht mehr bei ihr war und so weiter und so weiter. Es musste dann erst einer von uns

ein Machtwort sprechen. Meistens war ich es, dann hatten wir wieder eine Zeitlang Ruhe.
Eines Tages stellte ich fest, dass wir alle sehr laut mit Ella sprachen. Beate bestätigte mir meine Empfindung. Wir hatten uns vorgenommen leiser oder in normaler Lautstärke mit ihr zu reden. Die Reaktion kam schnell. Entweder reagierte sie nicht, weil sie uns nicht verstand oder sie sagte, ihr müsst lauter sprechen was flüstert ihr denn so. Wir ließen uns noch ein paar Tage Zeit, dann holte ich mir einen Termin beim Ohrenarzt. Ella bekam ein Hörgerät verordnet. Natürlich brachte es wieder Schwierigkeiten mit sich. Da wir nun gerade in der Stadt waren, wollte ich das Gerät auch gleich anpassen lassen. War nicht so einfach. Sie wollte nicht mit ins Geschäft, das gleich neben der Arztpraxis war. Ich will nach Hause und zwar sofort. Diesen Tonfall kannte ich schon. Wenn ich also bei ihr was erreichen wollte, musste ich behutsam vorgehen, ansonsten schaltete sie auf stur. Ich schlug vor eine Tasse Kaffee zu trinken. Sie hatte etwas Zeit sich zu beruhigen und war auch damit einverstanden. Ella konnte sehr grantig sein, aber nachtragend war sie nicht. Ich finde das ist auch viel Wert. Anschließend gingen wir

dann ins Hörstudio. Wir kamen sofort dran. Nach zwanzig Minuten waren wir schon wieder draußen. Ich war heilfroh, dass wir das erledigt hatten. Von der Technik her hatten wir das Beste und bequemste ausgesucht. Mir wurde ganz mulmig, als ich hörte was wir zuzahlen mussten. Ich wollte aber, dass sie ein Hörgerät bekam, mit dem sie auch gut fertig wurde. Dieses war so eins. Wenn der Schöpfer uns keinen freien Willen gegeben hätte, wäre das Hörgerät vielleicht zum Tragen gekommen. Dass Ella sich erst daran gewöhnen musste und dass das im Alter nicht so einfach war, leuchtete mir ja ein. Aber sie probierte es gar nicht erst aus. Eine Dame aus dem Hörstudio kam zu Ella in die Wohnung. Sie brachte es tatsächlich fertig, Ella das Hörgerät einzusetzen. Ich begleite die Dame bis zur Tür, als ich zurückkam hatte Ella das Gerät schon wieder in der Hand. Wie wütend ich war kann ich nicht beschreiben. Diese Sturheit, ich möchte schon sagen Dickköpfigkeit. Mir fiel meine Kur ein. Ich freute mich nun wirklich drauf; sollte sie doch mit dem Hörgerät machen was sie wollte. Mir war auf einmal alles egal, schließlich war ich nicht für alles verantwortlich. Ob sie nun gut oder schlecht hören konnte, ich werde meine Koffer packen.

Das Schlimmste stand aber noch bevor. Ella wusste nämlich noch nicht, dass ich zur Kur fahren wollte. Sie hatte sich wohl gewundert, dass Frau Krause jeden Nachmittag kam. Wir sagten, es wäre für uns eine Beruhigung sie nicht alleine zu wissen, was sie dann auch annehmen konnte. Vorsichtig formulierte ich meine Worte, in der Hoffnung es ihr möglichst schonend zu sagen. Warum war ich nur so nervös. Ein schlechtes Gewissen brauchte ich ja wirklich nicht zu haben. Wo sie die Energie hernahm, als sie hörte, dass ich vier Wochen zur Kur fahren wollte, weiß ich nicht. Es versetzte mich in Staunen. Sie wäre in ihrem ganzen Leben nicht zur Kur gefahren, für sie hätte es nur Arbeit gegeben. Wir jungen Frauen würden Urlaub machen und dann noch zur Kur fahren. Wie ich mir das wohl vorstellte. Wie sollte das alles hier weitergehen? Geredet hat sie bestimmt eine viertel Stunde. Es drehte sich alles nur um sie. Sie war die alleinige Leidtragende, alles musste sich nach ihr richten. Ich hatte das noch nie so stark empfunden wie in diesem Augenblick. Das Älterwerden hatte Ella verändert, hinzu kam das nicht mehr laufen können.

Als ich am Abend nach Hause kam, ließ ich mich in einem Sessel richtig fallen. Gero kannte solche Situationen, sprach mich dann erst nach einer gewissen Zeit an. Na, war es wieder schlimm? Wir sprachen oft darüber wie gut Ella es doch hatte, wir glaubten es wenigstens. Sie wurde von vielen Menschen umsorgt, keiner wollte Dankbarkeit nur ein wenig Zufriedenheit. Die Medizin ist in der Lage den Menschen organisch zu durchleuchten, aber was in seiner Seele vorgeht, wissen wir nicht. Was mochte in Ella vorgehen?

In der kommenden Woche bestellte ich Essen auf Rädern. Von meiner Schwägerin konnte ich nicht erwarten, dass sie auch noch für Ella kochte. Es wäre auch nicht gegangen da sie auswärts wohnte. Zudem musste sie in der Zeit, in der ich nicht da war, sowieso schon einmal mehr kommen. Heute gibt es schon viele ältere Menschen, die auf diesem Weg versorgt werden, da wird unsere Ella es bestimmt auch vier Wochen überstehen. Verwöhnt war sie ja. Bekam sie ja regelmäßig frisch gekochte Mahlzeiten. Gottlob hatte sie darüber nichts zu nörgeln. Das Essen hatte ich eine Zeitlang vor meiner Abreise bestellt, ich wollte wissen ob es gut war. Es war gut. Nach dem Mittagessen war Frau Kruse die erste die zu Ella kam. Sie tat mir richtig leid. Was sie sich alles anhören musste war schon eine Zumutung. Ach Frau Kruse, das Essen war schon wieder kalt, der Fisch hatte zu viele Gräten, die Kartoffeln waren nicht gar und die Suppe zu dünn. Frau Weiss sie haben den Nachtisch vergessen! Ja der war viel zu süß, aber aufgegessen war alles. Gut, dass Frau Kruse Humor hatte.

Je näher mein Abreisetermin kam, desto ungehaltener wurde Ella. Meine Freude war auf dem Nullpunkt, aber die Bereitschaft die Kur abzusagen war nicht vorhanden. Lange vor der Zeit löste ich die Fahrkarte, dass ja kein Rückzieher mehr möglich war.

Schwerbeladen vom Einkauf traf ich nachmittags eine Bekannte aus der Nachbarschaft. Wir hatten eine Zeitlang zusammen Joga gemacht. Da wir uns lange nicht gesehen hatten, gab es eine Menge zu erzählen. Die besten Gespräche, habe ich später festgestellt, finden auf der Straße statt. Ruth erzählte mir, dass sie als freie Mitarbeiterin in einem Altenheim arbeitet. Sie hatte ihren Vater und ihre Schwiegermutter dort und da bot sich das an, da Personalmangel wie überall, auch dort bemessen war. Wir kamen auf Ella zu sprechen. Ich erzählte ihr von meiner Kur und all den kleinen Sorgen die ich hatte, um alles richtig zu organisieren. Ganz spontan sagte sie, bring doch deine Tante für die vier Wochen zu uns, wir haben Ferienplätze. Allerdings müsste ich erst nachfragen ob ein Zimmer frei ist, dass ist aber kein Problem, ich würde dich dann anrufen. Im Augenblick wusste ich nicht was ich sagen sollte. An so eine Möglichkeit hatte ich überhaupt nicht gedacht und ehrlich gesagt war mir auch nicht bekannt, dass es so etwas gab. Nun hatte ich schon alles gut vorbereitet und jetzt dieses Angebot oder besser gesagt diesen Vorschlag. Ein paar Wochen früher hätte er mir viel Arbeit und Mühe erspart. Wir verblieben so, dass Ruth mich anrufen wollte. Noch am gleichen Abend ging bei uns das Telefon. Wenn du willst kannst du deine Tante zu uns bringen. Ich habe im Teresa-Heim nachgefragt, im September hat eine Dame abgesagt und daher ist ein Zimmer frei geworden. Du musst dich nur heute Abend noch entscheiden, Schwester Maria reserviert es solange. Ich wusste nicht was ich sagen sollte. Schließlich bat ich Ruth um eine Stunde Bedenkzeit, danach würde ich ihr eine Antwort geben. Eine Stunde dachte ich und legte den Hörer auf.

In dieser kurzen Zeit entschieden nun zwei Menschen, nämlich Gero und ich über die Zukunft unserer Tante. Ich fühlte mich nicht ganz wohl in meiner Haut. Gero bemerkte meine Unsicherheit und sagte ziemlich energisch, wir entscheiden nicht über die Zukunft unserer Tante, sondern nur über vier Wochen. Vielleicht gefällt es ihr ja auch und meine Sorgen waren nicht berechtigt. Einerseits war ich froh, hätte ich sie doch gut untergebracht. Meine Freude hielt sich in Grenzen, musste ich Ella ja erst einmal beibringen, dass sie in ein Heim sollte und da wollte sie ja nun wirklich nie hinein. Wie ich Ella kenne auch nicht für vier Wochen. Gero und ich nutzen die Stunde bis zur letzten Minute aus, dann rief ich Ruth an und nahm das Zimmer. Wir sprachen noch lange miteinander, sie hatte bemerkt, dass es mir nicht leicht gefallen war. Es wird ihr schon bei uns gefallen. Wir haben einige Damen, die schon viele Jahre zu uns kommen und sich richtig darauf freuen. Ihre Kinder können dann beruhigt in Ferien fahren und die älteren Menschen sehen in dieser

Abwechslung auch für sich selbst Urlaubszeit. Ich redete mir selbst ein, dass es richtig sei.

Am anderen Morgen rief ich Beate an und teilte ihr alles mit. Sie war zu meinem Erstaunen sichtlich erleichtert, waren nun die Wochen für sie auch eine Erholungspause. Mittags fuhr ich mit einem Tablett Kuchen zu Ella, wollte mit ihr und Frau Kruse Kaffee trinken. Es war nichts Außergewöhnliches, dass machte ich des Öfteren. Ich hatte mir vorgenommen nach dem Kaffeetrinken mit Ella über den Heimaufenthalt zu sprechen. Ich hörte schon ihre Worte: wenn ich erst mal da drin bin, werdet ihr schon dafür sorgen, dass ich da nicht mehr raus komme. Wie gut ich sie doch kannte. Es waren fast die gleichen Worte die ich zu hören bekam, als ich mit ihr darüber sprach. Ella war aufgewühlt, sie hatte einen ganz roten Kopf. Ich bekam etwas Angst. Warum musste ich mir das immer alles anhören, wo doch noch so viele andere da waren. Frau Kruse beruhigte Ella und versprach ihr, dass es wirklich nur für vier Wochen sei. Ich hätte dann mehr Ruhe, könnte mich besser erholen und wäre dann auch für sie wieder da. Ruhe hast du doch wohl genug, für mich brauchst du doch nicht viel zu tun. Frau

Kruse drückte meine Hand, als wollte sie sagen, tragen sie es ihr nicht nach, sie meint es nicht so. Für einige Minuten ging ich auf den Balkon, ich brauchte frische Luft. Ins Wohnzimmer zurückgekommen kam mir Ella mit ihren Gehstützen entgegen. Sie hatte wohl selbst gemerkt, dass es nicht die richtigen Worte waren, die sie mir in ihrer Wut gesagt hatte. Sie stand vor mir, klein und gebeugt und dann sagte sie, ach Anneken ich brauch dich doch, wer soll sich denn sonst um mich kümmern. Die Tränen liefen ihr über die Wangen. Ich geh auch in ein Heim, aber nur für vier Wochen, nicht länger. Beim letzten Satz hatte sich der Tonfall schon wieder geändert. Ich war froh, dass sie sich so schnell wieder gefangen hatte.

Wir brachten Ella vier Tage vor meiner Abreise ins Heim. Es wurde von spanischen Schwestern geleitet. Die Schwestern hatten einen sehr guten Ruf in unserer Stadt, ihre Hilfsbereitschaft und Freundlichkeit wurden immer wieder gelobt. Das Heim lag mitten im Wald, eigentlich sehr schön. An der Pforte wurden wir nett empfangen und nach einigen Minuten begrüßte uns die Oberin des Hauses. Sie begleitete uns durch einen langen

Flur zu Ellas Zimmer, das sich in der Abteilung Feriengäste befand. Mich wunderte, dass die Gäste von den anderen Heimbewohnern getrennt waren, sollte aber schnell erfahren warum. Feriengäste wussten, dass sie nur für eine kurze Zeit da waren, gewöhnten sich somit erst gar nicht aneinander, das ist bei den Damen die dort ständig lebten anders. Sie nehmen Kontakt mit den Feriengästen auf und sind dann enttäuscht wenn sie dann nach einer kurzen Zeit wieder gehen. Das wollte man vermeiden. In der ganzen Zeit hatte Ella nicht ein einziges Wort gesprochen. Der Kopf war gebeugt, sie schaute nicht nach rechts oder links. Ihr Gesichtsausdruck konnte nicht unzufriedener sein, als er schon war. Wir hatten nicht geglaubt, dass sie es so schwer nehmen würde. Das Zimmer war sehr schön, hell und freundlich. Eine kleine Terrasse mit Blick auf den Wald schloss sich an. Mir gefiel es, nur blieb nicht ich hier, sondern Ella.

Langsam begann ich ihre Tasche auszupacken. Wir hatten erst das Notwendigste mitgenommen. Ich ordnete alles im Schrank ein, war ungefähr fertig als ich merkte, dass sie hinter mir stand. Fühlst du dich eigentlich wohl, bei dem was du da tust?

Gero saß im Sessel, er sprang auf, ich hatte wohl die Farbe gewechselt. Einer muss es ja machen oder willst du deine Garderobe selbst einräumen. Ja, ist ja schon gut. Am liebsten wäre ich davon gelaufen, aber ich wollte mir meinen Kuraufenthalt nicht selbst verderben. Ich wusste doch zu gut, wenn mit Ella nicht alles stimmig war, hätte ich sicherlich keine gute Zeit. Ich schwieg also. Alle drei setzten wir uns am Tisch und tranken ein Glas Sprudel. Wir redeten belangloses Zeug. Um 18 Uhr wurde im Heim das Abendbrot serviert. Es war mittlerweile 10 Minuten vor der Zeit, wir brachen also auf, um nicht zu spät zu kommen. Es kam eine Schwester, die Ella einen Platz zuwies. Frau Weiss, das ist jetzt ihr Platz für die nächsten Wochen. Schwester, ich bleib nur vier Wochen hier, dann holt meine Nichte mich wieder ab. Ich rückte ihren Stuhl zurecht und bestätigte ihr nochmal, dass es nur vier Wochen sind. Gero und ich verabschiedeten uns von Ella, die sehr traurig war. Plötzlich sagte die Stationsschwester, wenn sie einen Dauerplatz für ihre Tante wollen, würde ich sie jetzt schon mal anmelden. Von Heute auf Morgen geht das nämlich nicht, wir haben eine ziemlich lange Warteliste. Gut, dass Ella das

Gespräch nicht mitbekommen hatte, wir standen etwas abseits. Es schlug bei mir ein wie ein Blitz. Mir fielen die Worte von Ella ein, wenn ich erst einmal da bin. Wir bedankten uns für den Hinweis und gingen wieder den langen Flur entlang in Richtung Ausgang. Später bemerkte ich, dass ich mich nicht ein einziges Mal nach Ella umgesehen hatte, konnte sie doch von ihrem Platz den ganzen Flur überblicken. Es tat mir richtig leid. Gero sagte lass es gut sein, vielleicht hat Ella es gar nicht bemerkt. Konnte ich nicht glauben, kannte ich doch Ella. Sie hat schon darauf gewartet, dass wir uns noch einmal umdrehten und ihr zuwinkten, vorbei.

Draußen fragte mich Gero, ob ich schon vorher mit der Schwester über einen Dauerplatz gesprochen hätte. Empört sagte ich nein, wie kannst du nur so etwas vermuten. Wir machten einen langen Waldspaziergang und redeten und redeten und kamen schließlich zu dem Ergebnis, dass es auf Dauer sowieso nicht so weitergehen könnte. Beate und ich hatten doch wenig Zeit für unsere Familien. Kurz entschlossen ließen wir uns an der Pforte ein Anmeldeformular geben und meldeten Ella im Teresa-Heim an. Die Schwester zeigt uns die Warteliste mit den Voranmeldungen, es beruhigte mich, könnte es so schnell also nicht klappen einen Heimplatz zu bekommen. Ich wunderte mich über unsere Entschlossenheit, hatten wir doch vorher nie darüber gesprochen. Es ging immer nur um vier Wochen. Am nächsten Tag brachte Gero noch einen Koffer mit Sachen ins Heim, ließ sich aber bei Ella nicht sehen. War vielleicht auch besser so.

Ich versuchte mich nun auf meine Kur vorzubereiten. Fing an meinen Koffer zu packen und erledigte all die Kleinigkeiten, die noch getan werden mussten, wenn man als Hausfrau vier Wochen verreisen will. Der Tag der Abreise kam und ich war froh alles einmal hinter mich lassen zu können. Gero brachte mich zum Zug. Als ich meinen Platz eingenommen hatte, fing ich an zu heulen. Die Dame, die mir gegenüber saß, gab mir ohne etwas zu sagen, ein Tempo-Taschentuch. Die Ruhe die sie ausstrahlte, tat mir gut. Wir schwiegen lange, doch dann sagte sie, wenn sie reden möchten, ich höre zu. Es war eine wunderbare Reisebegleiterin. Im Sanatorium angekommen bekam ich ein sehr schönes Zimmer. Ich war zufrieden und müde. Am anderen Morgen sollte ich erst alles kennen lernen. Das Abendessen hatte ich glatt verschlafen, aber es hatte auch keiner bemerkt. Abends rief Gero immer an und wir hatten dann immer eine ganze Menge zu erzählen. Er kam ganz gut alleine zurecht. Ich find es auch gut, wenn Männer mal für eine Zeit allein den Haushalt besorgen. Vielleicht wissen sie danach die Hausfrauenarbeit besser zu schätzen, ich hoffe es wenigstens.

Die vier Wochen gingen für mich viel zu schnell um. Ich hatte wenig an Ella gedacht, eigentlich nur wenn Gero von ihr sprach. Er besuchte sie jeden Sonntag und fuhr dann mir ihr im Rollstuhl spazieren. In der Woche besuchte Beate sie. Ich stellte fest, dass ich Ella ganz losgelassen hatte und deshalb erholte ich mich verhältnismäßig schnell. Die langen Spaziergänge und die Bekanntschaften netter Menschen möbelten mich wieder auf.

Zuhause wieder angekommen hatten wir noch zwei Tage für uns, dann war Ellas Zeit im Teresa-Heim abgelaufen. Wie schnell doch diese vier Wochen vergangen sind sagte Gero, mir kommt es vor als hätten wir Ella erst gestern dorthin gebracht. Ich konnte ihm das nur bestätigen, da ich am Ende meiner Kur den gleichen Eindruck hatte. Gero und ich holten Ella ab. Wir hatten uns das Wiedersehen eigentlich etwas freudiger vorgestellt. Es dauerte eine Weile bis sie sagte, ich bin froh, dass du wieder da bist Anneken. Die Stationsschwester sagte uns beim Abschied, sie ist trotz ihres Alters eine sehr willensstarke Frau. Wer wusste es besser als wir.

Der Herbst hatte Einzug gehalten. Etwas hatte ich in der Kur schon davon mitbekommen. Jedes Jahr aufs Neue beeindruckte mich der Wechsel der Natur. Die warmen Farben der Laubbäume, die in der Sonne besonders schön leuchteten, dazwischen das kräftige Grün der Nadelhölzer. Einfach schön. Es gibt halt einen Maler der nicht zu übertrumpfen ist. Dankbarkeit erfüllte mich, hatte ich doch durch Ella festgestellt, dass es nicht selbstverständlich ist, dieses Wunder der Natur wahrzunehmen.

Ella hatte sich zu Hause wieder eingelebt. Die Schwestern kamen wieder regelmäßig. Frau Kruse kam wieder am Nachmittag und Beate und ich versahen auch wieder unseren Dienst. Eigentlich war soweit alles in Ordnung, bis auf eine Kleinigkeit.

Schließlich mussten wir Ella noch behutsam beibringen, dass wir sie im Altenheim angemeldet hatten. Wir glaubten, dass es unsere Pflicht sei sie frühzeitig darüber zu informieren. Wir waren überzeugt, dass sie sich im Teresa-Heim einigermaßen wohlgefühlt hatte. Zumindest hatten wir nichts Negatives zu hören bekommen, wenn sie mal was erzählte, es war selten und wir hatten uns vorgenommen keine Fragen zu stellen, Wie ein Donnerschlag schlug die Mitteilung ein. Da habe ich schon lange drauf gewartet. Ihr wollt mich loswerden, das ist mir schon klar, aber solange ich noch meine fünf Sinne beisammen habe, gehe ich da bestimmt nicht rein. Den Satz hatte ich schon mal gehört, wie es um den Rollstuhl ging. Sie hatte sich schnell an ihn gewöhnt, wie wird es jetzt sein?

Frau Weiss, ihre Nichte hat sie doch erst einmal nur angemeldet, so schnell bekommt man keinen Heimplatz. Frau Kruse bemühte sich so sehr Ella zu beruhigen, es nützte nichts. Alles was ihr im Teresa-Heim nicht gefallen hatte und worüber sie mit uns nie gesprochen hatte, sprudelte jetzt aus ihr heraus. Als erstes waren es die Schwestern, die kamen nicht gut davon. Was die wollten, musste gemacht werden. Es nützte nichts wenn wir sagten, bei so vielen Menschen muss eine gewisse Ordnung vorhanden sein, da kann nicht jeder machen was er will. Du kannst dich ja mal für vier Wochen dort anmelden, anstatt in Ferien zu fahren, dann wirst du schon feststellen wie es dort ist. Peng, hatte ich wieder meinen Deu. Warum musste ich auch immer widersprechen. Das Essen war ja ganz gut, na wenigsten etwas. Aber die Gottesdienste waren auch nicht wie bei uns in der Kirche. Marienverehrung kennen wir nicht. Gero sagte, na dann hast du doch etwas dazu gelernt. Das hätte er besser nicht gesagt. Wütend drehte sie ihren Rollstuhl um und fuhr in die Küche. Ella war evangelisch und das Teresa-Heim war ein katholisches Haus. Die heilige Messe war nicht ihr gewohnter Gottesdienst und das konnte sie nicht annehmen. Aus der Küche zurückgekehrt sagt sie uns, sie hätte das schon der Schwester gesagt, dass ihr das nicht gefiel. Wir mussten unser Lachen unterdrücken, keiner sagte ein Wort. Meine Schwägerin Beate, die an dem Nachmittag auch da war, sah mich etwas nachdenklich an, als wollte sie sagen, das wird doch wohl kein Grund sein. Leider konnte ich mich nicht so schnell damit abfinden. Was ich wollte war, dass Ella sich ein wenig wohl fühlte. Wenn nun Maria nicht dazu beitragen konnte, mussten wir sie dort anmelden, wo es keine Marienverehrung gab. Plötzlich erschreckte ich mich über meine Gedanken. Hatten wir doch Ella vorerst nur angemeldet. Solange es in unserer Macht lag, wollten wir sie doch zu Hause versorgen. Es kam alles anders als wir uns das vorgestellt hatten.

Seitdem Ella wusste, dass sie im Heim angemeldet war, wurde sie unausstehlich. Sie schrie uns an, wir machten nichts mehr richtig, abends wollte sie nicht ins Bett, sie glaubte, uns damit zu schikanieren, weil wir ja schließlich nach Hause wollten. Das Abendgebet wurde nicht mehr verrichtet, sie wehrte sich mit aller Kraft dagegen. Gott war an allem Schuld. Selbst Frau Kruse wurde nicht mehr mit ihr fertig. Sie war abends wenn sie ging immer etwas traurig. Anneken was machen wir falsch? Sie mühen sich ab und alles ist nicht richtig. Wir trösteten uns gegenseitig. Etwas fröhlicher als mir zu Mute war sagte ich, Ela braucht Zeit, um sich daran zu gewöhnen. Wusste ich doch genau, dass es nie der Fall sein wird.

Eines Nachmittags, ich war gut eine halbe Stunde bei Ella, klingelte es. Mit der Kaffeekanne in der Hand öffnete ich die Tür. Eine ältere Dame stellte sich vor, sie käme von der Frauengemeinschaft und wollte Frau Weiss besuchen, ob das möglich wäre. Ich bat sie herein. Zuerst musste ich mal meine Kaffeekanne absetzen, um Frau Stein aus dem Mantel zu helfen. Als Ella sie sah stutzte sie zuerst, dann schrie sie vor Freude laut auf. Sie hatte Frau Stein erkannt. Wir tranken gemeinsam Kaffee und Ella plauderte emsig drauf los. Sie erzählte von den früheren schönen Nachmittagen, die sie in der Frauengemeinschaft erlebt hatte. Die Freude leuchtete aus ihren Augen. Ich hatte sie lange nicht mehr so erlebt. Der Nachmittag war wohltuend, einfach schön. Gab es ja in der letzten Zeit wenig schöne Stunden. Ganz plötzlich wechselte Ella das Thema und fing vom Altenheim an zu reden. Ich wusste nicht was ich davon halten sollte, hatten wir dieses Thema doch immer vermieden, soweit es möglich war. Es stellte sich schnell heraus, dass Frau Stein früher einmal in einem evangelischen Seniorenheim gearbeitet hatte. Ich war immer wieder überrascht, wie geistig wach unsere Ella noch war. Schließlich stand sie kurz vor ihrem 90. Lebensjahr.

Frau Weiss sie wollen doch wohl nicht ins Altenheim. Die Frage von Frau Stein stand mäuschenstill im Raum. Frau Kruse, die in der Zwischenzeit auch gekommen war, sah mich von der Seite an. Ich musste wohl reagieren, wusste nur nicht wie. Eigentlich war die Frage ja an Ella gerichtet, aber sie schwieg. Sie nahm ihre Kaffeetasse, die schon lange ausgetrunken war und tat so, als hätte sie die Frage überhaupt nicht gehört. In solchen Situationen hätte ich in die Luft gehen können, beherrschte mich aber, trotzdem es mir schwer fiel. Ella, Frau Stein hat dich etwas gefragt oder hast du sie nicht richtig verstanden, fragte ich ganz vorsichtig. Die Frage wirst du wohl besser beantworten können als ich. Ich habe ja doch nichts mehr zu bestimmen, am besten man wäre nicht mehr da. Schade, ich dachte der Nachmittag würde so schön ausklingen, wie er begonnen hatte, sollte anscheinend nicht sein. Zögernd erklärte ich Frau Stein, dass wir die Versorgung für Ella nicht auf Dauer durchführen könnten, da wir ja alle auch eine Familie zu versorgen hätten, die schon seit längerer Zeit zu kurz käme. Du willst doch wohl nicht behaupten, dass ich daran schuld bin, fiel Ella mir ins Wort. Die Frage überhörte ich und wendete mich wieder Frau Stein zu. Die hatte sofort geschaltet und fing an Ella das Heim schmackhaft zu machen. Sie wäre nicht alleine, es gäbe dort viele nette Damen und wir könnten sie ja auch zu jeder Zeit besuchen. Es wäre doch für alle Beteiligten besser. Die netten Damen hab ich schon kennengelernt. Sitzen alle im Rollstuhl, die eine kann nicht hören, die andere nicht richtig sehen, da fehle nur ich noch, da nehm ich doch lieber den Strick. Uns blieb die Luft weg. Wie aus einem Munde riefen wir, Ella jetzt reicht´s aber. Du tust ja so als müsstest du schon morgen in ein Heim, erst bist du nochmal zu Hause. Kurz darauf ging Frau Stein. In der Küche schrieb sie mir noch auf einen Zettel eine kurze Empfehlung an das Heim, in dem sie mal gearbeitet hatte. Ich bedankte mich und versprach ihr in Verbindung zu bleiben.

An dem Abend redeten Gero und ich noch sehr lange miteinander. Mir kamen die unmöglichsten Gedanken. Ich war froh, dass kein Gas in Ellas Wohnung war, wer weiß schon zu was der Mensch alles fähig ist. Es wäre ja nicht das erste Mal, dass verzweifelte Menschen auf diese Weise aus dem

Leben treten. Auf einmal bekam ich Angst. Gero versuchte mich zu beruhigen. Wer davon redet tut es nicht. Ich glaube Ella hat das unüberlegt gesagt. Lange lag ich wach im Bett, schlief erst in den frühen Morgenstunden ein.

Die nächsten Wochen verliefen ziemlich eintönig. Wir verrichteten alle unsere Arbeit, aber mit immer weniger Freude. Ella konnten wir kaum noch eine Freude bereiten. Sie nörgelte grundsätzlich über alles. Ich versuchte es oft zu überhören, aber immer ging es nicht. Es verging noch eine geraume Zeit bis ich in das evangelische Seniorenheim fuhr, um Ella dort anzumelden. Diesmal hatte ich es ihr aber vorher gesagt. Sie nahm es ganz ruhig und gelassen auf. Vielleicht kam es daher, dass Frau Stein dieses Haus vorgeschlagen hatte. Ich wollte nicht glauben, dass ihr alles egal geworden war. Es war eigentlich nicht ihre Art. Ella mischte gerne überall mit.

Das Lutherhaus war ein kleines Haus mit nur 75 Betten, während das Teresa-Heim doppelt so groß war. Es wurde von der Ehefrau des Pastors geleitet. Die Heimleiterin Frau Rudolf war eine sympathische Dame, etwa 55 Jahre. Sie hörte sich geduldig an, was ich ihr berichtete. Sie zeigte mir das Haus, führte mich durch alle Etagen bis hin zum Garten. Ja, wenn man da selbst nicht hinein muss, kann einem das schon gefallen, bemerkte ich zwischendurch einmal. Sie glauben nicht wie viele Menschen froh sind, hier bei uns wieder ein Zuhause gefunden zu haben. Die Kinder werden oft mit der Pflege der Eltern überfordert. Das Endergebnis sind dann Streitereien und die können die alten Menschen am wenigsten verkraften. Somit ist das Heim eine ganz willkommene Lösung für beide Seiten. Ich stimmte ihr zu, schließlich suchte ich ja auch nach so einer Lösung. Kurz gesagt, das Haus gefiel mir. Die Heimbewohner hatten alle ihre eigenen Möbel mitbringen können, was ich toll fand. Sie hatten also in ihren Zimmern ihre alte vertraute Umgebung.

Meine Hoffnung schwand dahin, als ich die lange Warteliste sah, sie glich der vom Teresa-Heim. Leise sagte ich zu mir selbst, du Kleingläubige, Wunder geschehen noch jeden Tag. Für mich waren die kleinen Dinge die uns gelangen und auch wichtig waren, immer wieder Wunder. Es war für mich keine Selbstverständlichkeit wenn alles einigermaßen klappte. Dafür war ich dann auch dankbar. Mit einem Heimvertrag stieg ich in mein Auto und fuhr direkt zu Ella. Ich wollte die Angelegenheit hinter mich bringen. Ella unterschrieb ohne Schwierigkeiten den Vertrag. Am gleichen Tag brachte ich ihn noch ins Lutherhaus. Die Schwestern vom Pflegedienst waren sichtlich erleichtert, als sie hörten, dass Ella damit einverstanden war. Sie glaubten es sei besser wenn der Patient selbst entscheidet. Heute stelle ich mir oft die Frage, hätte Ella sich je für ein Heim entschieden wenn eine andere Situation da gewesen wäre. Bestimmt nicht. Sie wollte nie in ein Altenheim.

Ich muss immer wieder sagen wie froh ich war, dass wir die Schwestern hatten. Wären die nicht da gewesen, alleine hätten wir es bestimmt nicht geschafft und Ella hätte schon früher in ein Heim gemusst. In der kommenden Zeit sprachen wir nicht mehr übers Heim, sondern widmeten uns den alltäglichen Aufgaben.

Die Sommertage wurden kürzer und abends war es schon oft etwas nebelig. Der Herbst kündigte sich mal wieder an, mit all seiner Schönheit die ich so sehr liebte. Den Übergang von einer Jahreszeit in die andere nahm ich immer ganz intensiv wahr. Ich verglich sie gerne mit den einzelnen Lebensabschnitten meines Lebens. Wir nutzten noch die schönen Tage und fuhren noch viel mit Ella spazieren. Es wurde mit ihr immer schwieriger. Sie wurde inkontinent und dadurch stieg die Belastung für uns enorm. Was uns an der ganzen Pflege aber am meisten belastete, war die Unzufriedenheit von Ella. Es war für sie bestimmt nicht angenehm, sich von uns in ihrem Intimbereich behandeln zu lassen, da sie ja geistig voll da war. Am besten stellte ich fest, kam sie noch mit Frau Kruse zurecht. Das Laufen fiel ihr immer schwerer. Wir mussten viel reden, damit sie wenigsten einige Male im Zimmer hin und her lief. Wussten wir doch wie schnell die Beweglichkeit älterer Menschen nachlässt und das wollten wir möglichst verhindern, soweit es in unserer Kraft lag, ihr zu vermitteln. Eines unserer größten Sorgen war, dass sie nachts aufstand und zur Toilette ging und dabei vielleicht fallen konnte. Oft wurde ich des Nachts wach und musste daran denken, dass sie am Boden lag und nicht aus eigener Kraft wieder aufstehen konnte. Meine Befürchtungen sollten schnell wahr werden.

An einem Morgen fanden die Schwestern Ella im Schlafzimmer am Boden, zitternd und durchfroren. Sie wusste nicht wie sie dort hinkam und somit wussten wir auch nicht wie lange sie da schon lag. Wie froh war ich, dass die Schwestern einen Haustürschlüssel hatten. Bisher hatte Ella ihnen die Tür aufgemacht. Es dauerte etwas länger, aber sie schaffte es noch. Sie wollte auch nicht, dass die Schwestern einen Schlüssel hatten. Wie es mit dem Laufen schlechter wurde gab ich den Schwestern einen Schlüssel, den sie aber bisher noch nicht benutzt hatten. Heute kam er zum Einsatz. Wir packten Ella ins Bett, umgeben von Heizkissen und Wärmeflaschen, die wir teilweise bei den Nachbarn im Haus uns ausliehen.

Am Nachmittag kam Dr. Schwan, den hatte ich angerufen Ella zu untersuchen. Ich hatte Angst vor einer Lungenentzündung. War aber nicht der Fall, nur eine leichte Erkältung und die bekamen wir durch Bettruhe und einige Medikamente in den Griff. Während Dr. Schwan das Rezept ausstellte und es mir dann übergab, sah er mich etwas nachdenklich dabei an. Herr Doktor ist alles in Ordnung mit Ella? Frau Weber ich möchte gerne etwas mit ihnen besprechen. Wir setzten uns ins

Wohnzimmer und ich bot ihm einen Kaffee an, den er auch dankend annahm. Für einen Moment schoss mir der Gedanke durch den Kopf, dass es jawohl noch Ärzte gibt, die sich Zeit für ihre Patienten nahmen. Ich glaube er konnte Gedanken lesen. Als ich ins Zimmer zurück kam sagte er nämlich, heute ist Mittwochnachmittag und da habe ich etwas mehr Zeit. Die Kaffeekanne fiel mir fast aus der Hand als der Mittwochnachmittag fiel. Ich entschuldigte mich einige Male und bedankte mich für sein Kommen. Das ist schon in Ordnung, ich hatte ja noch in der Praxis zu tun und von da aus ist es ja nicht weit zu ihrer Tante. Frau Weber glauben sie, dass man das Alleinsein ihrer Tante, hier in der Wohnung noch verantworten kann? Alles hätte ich erwartet, aber nicht diese Frage. Das wir eine gewisse Verantwortung für Ella hatten, war mir schon klar. Die volle Verantwortung für den Fall, dass etwas passieren sollte, die wollte ich wohl ganz und gar nicht übernehmen. In kurzen Sätzen erzählte ich Dr. Schwan was bei uns in dieser Angelegenheit gelaufen ist. Frau Weber ich finde es gut, dass sie schon Vorsorge getroffen haben. Nun müssen sie sich aber auch weiter darum bemühen, dass sie auch wirklich einen Heimplatz bekommen. Notfälle werden nämlich berücksichtigt. Hatten wir einen Notfall oder sehen Ärzte das anders als wir. Jedenfalls stellte ich später fest, dass Dr. Schwan mehr Weitsicht hatte als wir oder besser gesagt als ich.

Ella kam ziemlich schnell wieder auf die Beine. Wir waren alle froh darüber. Vierzehn Tage nach Ellas Sturz rief ich das Lutherhaus an und berichtete Frau Rudolf von meinem Arztgespräch. Sie versprach mir, dass sie unsere Anmeldung berücksichtigen würde. Da es sich um eine Tante handelte, für die wir keine Verantwortung übernehmen müssten, könnte sie eine Ausnahme machen. Anders wäre es bei einem Elternteil, da wäre es nicht möglich, weil zu viele Anmeldungen vorlägen. Ich wurde immer ein bisschen schlauer, hatte ich doch von all diesen Dingen keine Ahnung.

Verhältnismäßig schnell bekamen wir Bescheid, es sei ein Bett in einem Doppelzimmer frei geworden. Es würde für Frau Weiss reserviert. So gerne ich einen Platz für Ella im Heim gehabt hätte, wollte ich aber bestimmt kein Doppelzimmer. So nötig brauchten wir es nun auch wieder nicht. Wir hatten zwar viel Arbeit mit Ella und oft raubte sie uns die letzten Nerven, aber ihre Unterkunft war mir nun wirklich nicht egal. Beate und ich waren uns einig. Ella so lange zu Hause zu versorgen bis ein Einzelzimmer frei wurde. Schließlich mussten wir ja 5.700 DM bezahlen. Es war schon eine stolze Summe, die nur durch Ellas frühere genügsame Lebensweise, heute zu finanzieren war. Die Pflegeversicherung gab es nämlich noch nicht. Wir sagten das Doppelzimmer ab und Frau Rudolf gab mir zu verstehen, dass es jetzt wohl noch lange dauern könnte. Einzelzimmer wären nicht so viele vorhanden. Ich legte alles in Gottes Hand. Ich musste immer wieder feststellen, dass zum richtigen Zeitpunkt, auch das Richtige auf uns zukam. Meistens waren es nette liebe Menschen, die uns weiter halfen, warum sollte es jetzt nicht mal ein Einzelzimmer sein.

Der Oktober ging seinem Ende entgegen. Es wurde schon früh dunkel und aus dieser Stimmung heraus fingen wir an Ellas 90. Geburtstag vorzubereiten. Sie hatte sich wieder gut erholt und wenn wir vom Geburtstag sprachen strahlte sie. Für einen Augenblick war sie dann wieder die alte Ella. Ihren Geburtstag wollte sie gerne in einer Gaststätte feiern. Wir sollten keine Arbeit damit haben. Leider ging das nicht, wir hatten uns in keinem Lokal angemeldet. Ich bemühte mich noch, aber vergebens. Wir versprachen Ella, es zu Hause so schön wie möglich zu gestalten und da war sie dann auch mit einverstanden. Die Ausstattung des Festes überließ sie ganz uns.

Ich hatte kaum meinen Mantel ausgezogen als das Telefon läutete und das Teresa-Heim sich meldete. Sie boten mir ein Einzelzimmer an. Ich hatte ganz vergessen, Ella dort abzumelden. Es war mir peinlich, doch die Schwester hatte kein Problem damit. Frau Weber machen sie sich keine Sorgen, sie kennen ja unsere Warteliste. Ich konnte mich nur noch entschuldigen.

Wie sagt man so oft, der Mensch denkt und Gott lenkt. Anfang November sollten wir ein Einzelzimmer im Lutherhaus bekommen. Es überraschte uns, hatten wir so schnell nicht damit gerechnet. Vielleicht lag es daran, dass Ella Selbstzahlerin war und somit erst mal keine Anträge auf Unterstützung gestellt werden mussten. Sollte uns aber auch egal sein. Wir hatten das Zimmer was wir wollten und nun mussten wir zusehen, wie wir damit klar kamen. Eigentlich ging es uns zu schnell, wollten wir doch Ellas

Geburtstag noch in ihrer Wohnung feiern. Sollte wohl nicht sein.

Nun hatte das Schicksal es gut mit uns gemeint und trotzdem fühlten wir uns alle nicht wohl in unserer Haut. War das alles richtig was wir da machten? Lange überlegen konnten wir nicht. Ich versuchte zunächst die Wohnung zu kündigen. Vielleicht würde sich ja schnell ein Mieter dafür finden. Mit Ella hatten wir ziemliche Schwierigkeiten, ich glaube sie begriff erst jetzt so richtig, was auf sie zukam. Den ganzen Tag sprach sie kein Wort mit uns, mich machte das fix und fertig. Ella schimpf mit uns, aber sag endlich was, schrie ich etwas zu heftig. Frau Kruse hat es bestimmt oben hören können, war mir aber im Moment egal. Was soll ich denn sagen, ihr macht ja doch mit mir was ihr wollt. Die Worte hatten ihren Zweck erfüllt. Ich fing an zu heulen und ärgerte mich gleichzeitig über meine Verhaltensweise. Wir hatten uns entschlossen, dass Ella in ein Heim sollte, sie war damit einverstanden und da nützte auch meine Heulerei nichts. Ich riss mich zusammen, ging an die frische Luft und als mein Kopf wieder klar war, ging ich wieder ins Haus zu Beate und Ella. Es musste ja weitergehen. Beate versuchte Ella aufzumuntern, was ihr auch gelang und ich fing an zu organisieren. In den folgenden Tagen beschäftigten wir uns hauptsächlich mit der Packerei. Alles mitnehmen konnten wir nicht, somit füllten sich einige Rotekreuzsäcke. Ich glaube diese Tage waren für Ella sehr schwer. Sie saß still in ihrem Sessel und beobachte uns, ohne ein Wort zu sagen.

Der Einzugstag ins Lutherhaus kam. Vor acht Uhr fuhr ich schon zu Ella. Zu Hause hielt ich es nicht mehr aus, ich wollte mit ihr auch noch in Ruhe frühstücken. Ich holte noch schnell beim Bäcker frische Brötchen und deckte für vier Personen den Frühstückstisch. Um acht Uhr kamen nämlich die Schwestern vom Pflegedienst. Wir bekamen alle keine Bissen herunter, tranken nur unseren Kaffee. Die Schwestern fingen an Ella fertig zu machen. Ich glaube die waren froh, dass sie was zu tun hatten. Dann ging alles unwahrscheinlich schnell. Beate kam und kurz darauf der Fahrdienst vom Diakonischen Hilfswerk, die Ella ins Heim bringen sollten. Die beiden jungen Männer setzten Ella in ihren Rollstuhl und da musste ich feststellen, wie nett und liebevoll junge Leute sein können. Sie versuchten sie zu trösten, aber Ellas Tränen flossen in Strömen. Wir waren in einer Tour am Reden, belangloses Zeug. Daran konnte man merken wir nervös wir waren. In der Zwischenzeit war auch Gero eingetroffen. Er fuhr mit Beate hinter Ella her ins Lutherhaus. Nun stand ich da mit den Schwestern. Wir alle hatten feuchte Augen. Ich kochte uns einen frischen Kaffee und dann kam auch schon der Möbeltransporter. Schwester Erika nahm mich in den Arm und sagte, Frau Weber es ist alles gut und richtig. Ich wollte es so gerne glauben, aber es fiel mir schwer. Trotzdem taten mir die Worte gut. Es waren drei Männer die den Umzug erledigten, daher ging alles sehr schnell. Ich war froh, dass Ella ihre Möbel mitnehmen konnte. Zwei Koffer mit Ellas Sachen nahm der Möbelwagen mit, den Rest der Garderobe packte ich in mein Auto.

Ich stand in fast leeren Räumen. Ein Gefühl der Traurigkeit überfiel mich. War´s das nun, ist das die Endstation? Fragen über Fragen, die ich nicht beantworten konnte. Ich versuchte mich auf das zu konzentrieren was vor mir lag, nämlich Arbeit. Ich setzte mich ins Auto und fuhr ins Altenheim. Ella fand ich im Aufenthaltsraum, umgeben von vielen Menschen. Heimleiterin, Schwestern und vielen Heimbewohnern, die sie alle begrüßten. Etwas abseits standen Beate und Gero. Ella fühlte sich wohl wenn sie der Mittelpunkt war und so bemerkte sie nicht, dass wir uns zurückzogen und anfingen ihr Zimmer einzuräumen. Ich wunderte mich wie schnell so was geht. Die Möbel standen alle schon am richtigen Platz. Dafür hatten schon die Schwestern von der Station gesorgt. Wir brauchten nur noch alles einzuräumen, Teppich legen, Bilder aufhängen und im Nu hatten wir ein kleines gemütliches Zimmer. Die Stationsschwestern brachten uns noch ein paar frische Blumen, die den Tisch schmückten, somit sah alles sehr nett aus. Beate sah mich an, ich war mal wieder in Gedanken versunken. Anneken es wird Ella gefallen, es ist doch wirklich schön geworden. Hoffentlich dachte ich. Es war, wenn man nicht aus dem Fenster schaute, Ellas Wohnung. An den großen Bäumen, die das Haus umgaben, würde sie bestimmt ihre Freude haben, genau wie an dem kleinen Balkon. Unten im Garten spielten Kinder, es war ein Kinderhort dort zu Hause. Für Ella vielleicht eine willkommene Abwechslung. Später sollten wir erfahren, dass sie das überhaupt nicht interessierte. Die Schwester gab uns zu verstehen, Ella heraufzuholen, da ja soweit alles fertig sei. Beate sagte schnell ja, als wäre sie froh wenn das schon überstanden wäre. Was wird sie sagen, wir waren gespannt auf ihre Reaktion. Mit einem gezwungenem Lächeln und einem zu lauten herzlich Willkommen öffneten wir die Zimmertür. Der Gesichtsausdruck von unserer Ella war so versteinert, dass in mir Wut aufkam. Hatten wir bestimmt keine große Begeisterung erwartet, aber vielleicht ein etwas neugieriges Gesicht.

Die Schwester schob den Rollstuhl langsam in den Raum. Im gleichen Moment fiel ein Novembersonnenstrahl ins Fenster. Es war ein sehr schöner Anblick, zumindest für uns. Schauen sie Frau Weiss hier ist nun ihr neues Zuhause und wir wünschen ihnen, dass sie sich bei uns wohlfühlen, Ja, ja, ja, mehr kam nicht. Ich merkte wie wütend sie war und begann ein Gespräch mit ihr zu führen, war aber nicht angebracht. In einem festen Tonfall sagte sie uns wir sollten ruhig gehen. Die Schwester gab uns einen Wink, wir verabschiedeten uns von Ella und verließen das Zimmer. Auf dem Flur sagte sie uns, sie braucht jetzt erst mal Ruhe, es war alles etwas viel für sie. Morgen sieht schon alles wieder anders aus. Gott möge es geben.

In den ersten Tagen hatten wir es so eingerichtet, dass immer einer von uns mehrere Stunden bei Ella war. Es waren keine schönen Tage. Beate ging schon oft am Morgen zu ihr, sie wohnte gleich um die Ecke und hatte so die Möglichkeit auch am Nachmittag noch einmal nach Ella zu sehen. Wir mussten erst zwölf Kilometer fahren.

Ella konnte ihr Schicksal nicht annehmen. Sie hatte geglaubt wir würden sie bis an ihr Lebensende zu Hause versorgen. Dass es nicht möglich war, konnte sie nicht einsehen. Manchmal kam mir der Gedanke, wie viele Nichten und Neffen würde es wohl geben, die sich so um eine Tante kümmerten.

Meine Schwiegermutter wurde in der ganzen Zeit, in der wir uns um Ella kümmerten, von meiner Schwägerin versorgt. Jetzt, wo Ella im Heim war, hoffte ich mehr Zeit für Mutter zu haben. Vielleicht konnte ich Gilla etwas entlasten. Wenn in Gegenwart von Ella mal von Mutter gesprochen wurde, dass sie uns auch bräuchte, winkte sie ganz energisch ab. Sie war im Heim und da musste sich erst einmal alles um sie kümmern. Egoist murmelte ich vor mich hin. Hast du was gesagt? Ich konnte es nicht fassen, mussten wir doch sonst so laut sprechen, damit sie uns verstand.

Am 28. November hatte Ella Geburtstag. Frau Rudolf empfahl uns die Feier im Heim auszurichten. Es gäbe einen großen Raum der für solche Feierlichkeiten genutzt werden könnte. Schon einmal hatte ich Vorbereitungen getroffen, für die Feier zu Haus. Nun fing ich wieder an, aber jetzt ging es nur ums Kaffeetrinken. Der erste Advent stand vor der Tür. Ich kaufte einen wunderschönen Kranz als Tischdekoration, dazu passende Kerzen und Servietten. Kleine Blumensträußchen zierten die einzelnen Gedecke. Es sah richtig festlich aus. Am Abend vorher konnte ich in Ruhe alles fertig machen. Morgens um neun Uhr fuhr ich schon zu Ella. Ich wollte in ihrem Zimmer noch etwas herrichten. Im Flur wurde ich schon mit einem, sie lebe hoch, begrüßt. Die Kinder aus dem Hort brachten Ella ein Ständchen. Wenn jemand im Heim Geburtstag hatte, kamen sie und machten den alten Menschen eine Freude. Danach kamen einige Gratulanten aus der

Frauengemeinde, aus ihrem Gesangsverein und der Ostpreußengruppe. Nicht zu vergessen die Dame von der Stadtverwaltung. Sie überreichte Ella einen großen Blumenstrauß, worüber sie sich sehr freute. Blumen mochte sie nun mal sehr gerne.

Am Nachmittag hatten wir dreißig Gäste geladen, unter anderem die Damen, mit denen sie am Tisch saß. Wir hatten an Kuchen nicht gespart, er hätte auch noch für etliche Personen mehr gereicht. Doch wie heißt es so schön, lieber zu viel als zu wenig. Im Heim gab es jeden Tag Kaffee und Kuchen, somit konnte alles verwendet werden. Wir saßen schon alle am Kaffeetisch als die Schwester Ella herein brachte. Sie war ganz aufgeregt, als sie uns alle sah. Sofort bewunderte sie den Kaffeetisch, stand gleich aus ihrem Rollstuhl auf und bedankte sich bei allen. Sie war mal wieder Mittelpunkt und das genoss sie, man konnte es ihr ansehen. Heute allerdings stand es ihr zu. Lange hatte sie nicht mehr so gut ausgesehen wie an diesem Nachmittag. Bis zum Abend wurde geredet und gelacht, Ella hatte schon einen ganz roten Kopf. Ich glaube sagen zu können, es war eine schöne Geburtstagsfeier. Ella fiel müde aber wohl zufrieden in ihre Kissen. Am anderen Tag sprachen wir noch einmal über die Feier. Ella erwähnte kurz ihre zweite Schwester, warum sie wohl nicht gekommen sei. Ella, Tante Dörthe ist selten zu einer Feier gekommen. Sie kam meistens am nächsten Tag. So war es dann auch. Am Nachmittag kam sie mit ihrer Tochter.

Die Tage bis zum Weihnachtsfest vergingen wie im Flug. Wir fuhren nicht mehr so viel spazieren, Ella war es zu kalt geworden. Wir wussten nicht so richtig was wir machen sollten. Dreißig Jahre war Ella am Heiligabend oder am ersten Weihnachtstag bei uns gewesen. Wir wechselten uns mit Gilla und Torsten ab. Das hatte sich so eingespielt, dass schon nicht mehr darüber gesprochen wurde. Nun musste eine Lösung gefunden werden. Holen wir sie aus dem Heim oder lassen wir sie an den Feiertagen dort und besuchen sie. Wir suchten ein Gespräch mit den Schwestern. Sie gaben uns den Rat, Ella im Heim zu lassen, wozu wir uns auch entschieden. Sie brauchten uns nicht zu überreden, wir waren sofort damit einverstanden. Vielleicht lag es daran, dass wir auch ein paar Jahre älter geworden waren und uns nun auf etwas ruhige Feiertag freuten. Ella besuchten wir am Heiligenabend und am ersten Weihnachtstag. Meine Schwiegermutter nahmen wir mit und somit waren es einige schöne Stunden die wir gemeinsam verbrachten. Die Entscheidung Ella im Heim zu lassen war richtig. Wir hätten sie für einige Stunden geholt und dann hätten wir sie wieder zurück gebracht, dass wäre ihr sicherlich schwer gefallen.

Von der Feier im Heim war sie begeistert. Der Gottesdienst hatte ihr besonders gut gefallen. Im Haus war eine kleine Kapelle, da wurde jeden Samstagnachmittag Gottesdienst gefeiert. Wer wollte konnte dort hingehen.

Die Winterzeit fesselte uns ans Heim. Es fand immer ein kleiner Kampf zwischen Ella und uns statt, wenn es hieß, du musst an die frische Luft. Waren wir dann draußen, fand sie es auch ganz prima. Voller Stolz sagte sie dann ihren Mitbewohnern, meine Nichte hat mich spazieren gefahren. Jeden Mittwochnachmittag kamen zwei Herren ins Lutherhaus die Akkordeon spielten und dann wurde gemeinsam gesungen. Da Ella früher in einer Singgruppe war, machte ihr das Spaß. Sie konnte viele Lieder auswendig und mitsingen. Einmal in der Woche wurde gebastelt und an einem Vormittag wurde sogar mit den alten Leutchen gekocht. Der eine schälte Kartoffeln, der andere die Möhren oder rührte den Teig für den Kuchen. Ella nahm an all den Veranstaltungen teil. Die dunklen Wintertage gingen durch diese Abwechslung schnell vorbei.

Anfang März fuhren wir, Ella gut eingepackt im Rollstuhl, auf Entdeckungsreise. Hier blühte schon ein Krokus und dort ein Schneeglöckchen. Die Magnolienbäume waren eine Augenweide. Der Frühling lag in der Luft. In der Nähe des Lutherhauses hatten wir einen kleinen Park entdeckt, in dem sollten wir Stammgast werden. Wir suchten immer die gleiche Bank auf und wehe die war mal besetzt, dann sagte Ella immer, es gibt so viele Bänke hier ausgerechnet unsere müssen sie sich aussuchen. Sie sagte das mit einer ganz ernsten Miene, wir mussten immer lachen.

Im Juni fuhren Gero und ich nach Amrum. Die Luft dort bekam uns besonders gut und die Schönheit der Insel faszinierte mich immer wieder aufs Neue. Beate kümmerte sich in der Zeit intensiv um Ella. Sie brachte ihr frisches Obst und naschen tat sie auch sehr gerne. Es gab bestimmte

Süßigkeiten wofür Ella richtig schwärmte. Zum Beispiel Mon-Cheri.

Beate war froh als wir wieder aus dem Urlaub zurück waren, da Ella immer schwieriger wurde. Mit den Schwestern verstand sie sich gut. Wenn ihr etwas nicht passte bekamen wir das zu hören, bestimmt nicht die Schwestern. Ihren ganzen Ärger lud sie bei uns ab. Wir hatten uns ja schon an vieles gewöhnt, aber irgendwann reichte es uns auch. Zu allem Übel kam jetzt auch noch ein Krankenhausaufenthalt auf sie zu. Ella hatte immer Schwierigkeiten mit der Verdauung, ohne Abführmittel klappte nichts mehr. Mit der Zeit hatte sich der Darm wohl daran gewöhnt und nun streikte er. Das Krankenhaus sollte nun helfen. Ganz so einfach sollte es aber nicht gehen. Ella wollte nichts vom Krankenhaus wissen, dass hat immer mit den Pillen geklappt und wenn nicht, nehme ich eine mehr. Es dauerte noch zwei Tage bis sie endlich einsah, dass es wohl doch sein müsste, da sie sich nicht mehr wohl fühlte. Die Schwestern konnten auch nicht mehr die Verantwortung übernehmen. Wir fuhren jeden Tag zu ihr ins Krankenhaus und jedes Mal hörten wir sie schon im Flur schreien. Es war kein

Grund vorhanden. Sie hatte keine Schmerzen, Ärzte und Schwestern waren sehr nett und ein schönes Zweibettzimmer hatte sie auch. Niemand konnte sich erklären, warum sie so schrie. Wenn wir ihr Zimmer betraten schallte uns immer der gleiche Satz entgegen, gut, dass ihr mich endlich gefunden habt. Zum ersten Mal merkte ich, dass sie etwas verwirrt war. Gero meinte es könnte auch von einem Medikament kommen. Damit gab ich mich dann auch zufrieden, zumindest für den Augenblick.

Die Stunden die wir mit Ella verbrachten, waren mit Angst ausgefüllt. Wir wussten nicht was in ihr vorging, sie klammerte sich ganz fest an uns. Meine Hand hielt sie so fest als wollte sie sagen, gehe nur nicht fort. Beim Abschied versprachen wir ihr morgen wieder zu kommen. Das verstand sie dann auch, aber am anderen Tag war es in Vergessenheit geraten. Im Krankenhaus wurde sie gründlich durchgecheckt und dabei wurde festgestellt, dass mit der Lunge etwas nicht in Ordnung war. Im Moment waren wir ganz schön erschrocken. Schließlich war Ella 91 Jahre alt und da mussten wir damit rechnen, dass es irgendwann mal zu Ende geht. Meine einzigen Gedanken waren, dass sie nicht so einen großen Leidensweg vor sich hatte. Nach vier Wochen konnten wir sie wieder aus dem Krankenhaus holen. Im Heim angekommen jubelte Ella als sie die Schwestern wieder sah. Wir freuten uns, glaubten wir doch, dass sie endlich heimisch geworden wäre.

Drei Jahre vergingen, Ella war nun schon im vierten Jahr im Lutherhaus. Wir fuhren regelmäßig sie besuchen, fuhren mit ihr spazieren, verwöhnten sie und abends ging`s wieder nach Hause. Es war immer das Gleiche. Ihre Unzufriedenheit blieb uns allerdings erhalten.

An einigen Tagen fuhr Gero mit meiner Schwiegermutter alleine zu Ella. Sie hatte mich dann in der Woche zuvor so fertig gemacht, dass, wenn ich daran dachte immer noch wütend war. Wenn Gero dann fort war tat es mir schon wieder leid, dass ich nicht doch mitgefahren war. Sie sollte aber auch mal merken, dass sich nicht alles nur um sie drehen konnte.

Von meinen Eltern hatte ich gelernt, du sollst das Alter ehren. Meine Großeltern wohnten bei uns im Haus und das war auch wohl der Grund, dass meine Mutter stets diesen Satz parat hatte. Heute war ich nicht mehr ganz so schnell dazu bereit, musste es doch eigentlich auf Gegenseitigkeit beruhen. Wir kümmerten uns um die ältere Generation, sahen aber nicht ein, dass wir uns dafür auch noch diese ewige Nörgelei anhören sollten. Beate ging schon einmal weniger zu Ella, sie war immer ganz fertig wenn sie eine Stunde bei ihr war. Beate konnte nichts sagen, sie schluckte lieber alles, während ich mir Luft machen musste, sonst wäre ich erstickt. Wenn Gero am Abend zurückkam, konnte ich kaum erwarten, was er zu erzählen hatte. Ja, sie hat als erstes gefragt, warum du nicht mitgekommen bist. Meine Wut war dann schnell verflogen. Sie mochte mich, dass wusste ich wohl und deshalb glaubte ich auch, wenn ich mich mal etwas rarmachte, dass sich ihre Einstellung änderte. Leider war es nicht so, sie war halt dazu zu alt, das sah ich auch ein.

Ein halbes Jahr später übernahm Gero die Betreuung für Ella. Das Altenheim hatte Gero vorgeschlagen und das Amtsgericht war damit einverstanden. Die Heimleiterin und die Schwestern sahen wie wir uns um Ella kümmerten und da glaubten sie, dass Gero die richtige Person dafür sei. War er auch. Seine Ordnung und Genauigkeit war eine gute Voraussetzung um mit Heim und

Behörden gut zusammen zu arbeiten. Nie hatte ich geglaubt, dass so etwas auf uns zukommen könnte. Nach intensiven Untersuchungen fanden die Ärzte es für richtig, dass Ella eine Vertrauensperson als Betreuer bekam.

Im Mai fuhren wir wieder nach Amrum. Nach einer Woche rief Beate uns an und teilte uns mit, dass Ella im Krankenhaus sei. Sie wüsste nur noch nicht was sie hätte. Wir waren froh einen ruhigen Urlaub verbringen zu können. Da die Betreuung mit Arbeit verbunden war, hatte Gero die Freizeit auch wirklich verdient. Bei uns drehte sich sowieso schon alles nur um Ella. Gero rief im Krankenhaus an und bekam eine gute Nachricht. Es handelte sich bei Ella mal wieder um die Verdauung. Trotzdem das wohl der wichtigste Vorgang im Körper ist, empfanden wir es nicht so tragisch. Wir hatten uns schon daran gewöhnt und Ella erholte sich auch danach immer wieder sehr schnell. Den Urlaub brauchten wir also nicht abbrechen. Beate sorgte wieder einmal für alles was Ella benötigte. Wir riefen noch einige Male im Krankenhaus an, brauchten uns aber keine Sorgen machen. Auch auf Amrum konnten wir Ella nicht loslassen. Entweder war es Gero oder ich, der immer mal wieder sagte, hoffentlich ist mit Ella alles in Ordnung.

Aus dem Urlaub zurückgekehrt, war das Heim unsere erste Anlaufstelle. Ella war vor fünf Tagen aus dem Krankenhaus entlassen worden. Die Stationsschwester kam uns auf dem Flur entgegen und teilte uns mit, dass Ella sich noch nicht so richtig wohl fühlte. Sie bräuchte dieses Mal wohl etwas mehr Zeit, um sich zu erholen. Als wir die Zimmertür öffneten, saß Ella unmittelbar auf ihrer fahrbaren Toilette davor. Oft saß sie bis zu einer Stunde darauf. Sie rollte ein Stück ins Zimmer zurück und sah uns mit großen Augen an. Es dauerte einen kurzen Augenblick bis ich bemerkte, dass sie durch mich hindurch sah. Sie hatte mich nicht erkannt. Ich kniete mich vor sie hin, damit sie mich besser sehen konnte. Dann funkte es auf einmal bei ihr. Anneken, wo warst du denn so lange, ich dachte, du hättest mich vergessen. Sie klammerte sich fest an mich, ich musste tatsächlich etwas Kraft anwenden, damit sie mich freigab. Gero und Mutter waren ja auch mitgekommen, die hatte sie noch gar nicht wahrgenommen. Als Ella die beiden sah wurde sie sichtlich nervös und fing etwas an zu weinen.

Diesmal waren es Freudentränen. In solchen Momenten wurde mir immer wieder bewusst, wie die beiden Schwestern doch aneinander hingen.

An diesem Abend wussten wir, dass ihre Lebenszeit nicht mehr allzu lange dauern würde. Wir glaubten nun, dass es nicht nur das Problem der Verdauung war, sondern dass sich vielleicht ihre andere Krankheit ausgebreitet hatte. Eine klare Antwort, sei es von ihrem Arzt oder den Schwestern bekamen wir nicht. Es hieß immer, Frau Weiss hat ja auch ihr Alter, stimmte. Vielleicht wollten die Schwestern uns etwas schonen. Wir gaben uns damit zufrieden, hätten wir denn auch etwas ändern können? Ob sie es noch ein Jahr schaffte, fragte Mutter etwas abwesend. Ich nahm sie in den Arm und antwortete, vielleicht, nur konnte ich nicht daran glauben.

Wir fuhren von nun an öfter ins Heim. Beate kam auch wieder häufiger. In dieser Zeit schlief Ella viel, sie brauchte wohl ihre Ruhe. Das Interesse an dem was sich im Heim abspielte war nicht mehr vorhanden und das hatte schon was zu bedeuten. Zu den Musiknachmittagen ging Ella sehr gerne. Hin und wieder wurde auch mal ihr Lieblingslied gesungen. Güldene Abendsonne, wie bist du so schön, nie kann ohne Wonne deinen Glanz ich sehn. Was haben wir diese Strophe oft mit ihr gesungen. Von ihrem Zimmer aus konnten wir die Sonne untergehen sehen.

Morgens frühstückte Ella in einer kleinen Gruppe von 6-8 Damen, mit denen verbrachte sie dann auch den Tag. Fühlte sich jemand mal nicht wohl, blieb man auf seinem Zimmer und die Schwestern servierten dann auch dort die Mahlzeiten. Ella wollte aus ihrem Zimmer nicht mehr raus. Die Schwestern aber waren damit nicht einverstanden. Sie sollte sich wieder in die Gemeinschaft einfügen. Man könnte sie dann besser beobachten. Konnte ich einsehen und etwas Abwechslung tat ihr auch gut. Zu erzählen hatten die Damen nicht viel, aber sie freuten sich wenn sie alle beisammen waren und waren sehr betrübt wenn mal einer krank war oder sogar ins Krankenhaus musste. Dann war wieder für kurze Zeit Gesprächsstoff vorhanden. Oft brachte ich ihnen eine kleine Nascherei mit, dann herrschte eine richtige Lebendigkeit an dem langen Tisch. Bewundert habe ich immer die Schwestern, die täglich acht Stunden in einem Altenheim ihren Dienst verrichteten. Es gehört schon eine große

Portion Nächstenliebe dazu, um diesen Beruf ausüben zu können. Es soll nicht heißen, dass auch sie nicht mal ausflippten. Irgendwann muss mal wieder ein frischer Wind wehen.

Ella ging es von Tag zu Tag schlechter, sie blieb in ihrem Zimmer und nahm kaum noch Nahrung zu sich. Ich beschloss mittags hinzufahren, um sie zu füttern. Die Schwestern hatten nicht die Zeit dafür, die Ella brauchte, um eine Gabel voll hinunter zu bekommen. Meine Mühe wurde belohnt, sie fing wieder an etwas zu essen. Anschließend war ich immer wieder geschafft, hatte ich doch in einer Tour nur geredet, um immer wieder eine Gabel mit Gemüse oder Kartoffeln nachschieben zu können. Mit der Stationsschwester hatte ich vereinbart, sie möge mich anrufen wenn es Ella schlechter ginge, auch in der Nacht. Ich wäre so gerne bei ihr gewesen, aber es sollte nicht sein. Das Atmen fiel ihr schwer und das Röcheln hörte ich noch nachts in meinem Bett.

Wir verbrachten viel Zeit im Heim, es war uns aber auch wichtig. Ella sprach nicht mehr viel, es strengte sie zu sehr an. Gero saß im Sessel, als Ella plötzlich mit ziemlich lauter Stimme sagte, Gero hilf mir doch. Ich sah wie mein Mann zu kämpfen hatte. Wenn ich es doch nur könnte Tante Ella, sagte er mit erstickter Stimme. Ella hing sehr an Gero, er war der einzige Neffe. Es gab dann wohl noch angeheiratete Neffen. Was Gero machte war schon richtig, er besaß ihr Vertrauen. Alles was Gero für Ella regeln und erledigen musste, wurde mit ihrem Einverständnis gemacht, er bezog sie mit ein, erklärte ihr alles und das gefiel ihr. Vertrauen war somit gewachsen. Nun konnte er ihr nicht mehr helfen und das stimmte ihn traurig. Gero gab mir oft zu verstehen wie froh er sei, dass ich da wäre, er hätte es alleine nicht geschafft. Wusste doch schon der liebe Gott, dass Adam ohne Eva nicht auskommen konnte. Es tut aber wirklich gut, wenn man es mal zu hören bekommt, denken alleine genügt nicht. Eins habe ich festgestellt, wenn man muss, kann man. Ich konnte nicht mehr viel für Ella tun. Wenn wir bei ihr waren, setzte ich mich auf ihre Bettkante, hielt ihre Hand und rieb ihr hin und wieder den Rücken mit Franzbranntwein ein. Das hatte sie gerne. Wenn ich dann aber mal aufstehen wollte, hielt sie mit all ihrer Kraft die sie noch hatte und das war nicht wenig, mich zurück. Bis zum

Schluss habe ich mich darüber gewundert wo sie die Energie hernahm.

Sonntagsmorgens ging schon früh bei uns das Telefon. Schwester Roswitha teilte uns mit, dass es wohl mit unserer Ella zu Ende gehen würde. Sie wollte uns früh genug informieren. Die Schwestern haben wohl einen Blick dafür, wenn die letzte Stunde naht. Schließlich werden sie ja ständig mit der Sterbebegleitung konfrontiert. Wir wollten zur Kirche gehen, sagten aber Schwester Roswitha unser Kommen zu. Sie beruhigte mich, hatte ich doch nicht bemerkt wie aufgeregt ich war. Bis 14 Uhr ist eine Schwester bei ihrer Tante, nur danach sind wir knapp besetzt, so dass nicht ständig jemand bei Frau Weiss sein kann. Wir fuhren nicht zur Kirche, sondern zum Heim. Ella lag ganz ruhig da, nur ihr Röcheln hörte man. Wie klein und schwach kam sie mir vor. Die Haare, die sie noch immer gefärbt bekam, da legte sie großen Wert drauf, waren grau geworden. Oft hatte sie mit ihrem Rollstuhl vor ihrem Dielenspiegel gestanden und gesagt, es wird wieder Zeit das meine Haare gefärbt werden, graue Haare finde ich fürchterlich. Nun waren sie grau und sie konnte sie nicht mehr sehen. Gut so, dachte ich.

Am Nachmittag war sie ziemlich unruhig, aber die Schwestern glaubten, es würde noch etwas dauern. Es ist doch gut, dass das keiner genau weiß. Die Nacht wäre ich gerne bei Ella geblieben, aber die Schwestern haben das wohl nicht so gerne. Sie versicherten mir, es käme noch eine Nachtschwester die bei Ella blieb. Ella war die einzige Kranke auf der Station. Wir fuhren am späten Abend nach Hause. In der Nacht wurde ich häufig wach, ich hatte wenig geschlafen. Der Gedanke, dass Ella nicht mehr unter uns weilte, ließ mich nicht los. Am liebsten hätte ich im Heim angerufen. Um 7.30 Uhr läutete das Telefon. Ich wusste, dass Tante Ella ihre Ruhe gefunden hatte, ich wusste es ganz bestimmt. Schwester Roswitha gab mir die Bestätigung. Die Nachtschicht wurde um 7 Uhr von der Frühschicht abgelöst und in dieser Zeit muss Ella wohl die Augen zugemacht haben. Es war also niemand bei ihr. Die Schwestern waren auch traurig, hatten sie doch so manche Stunde an Ellas Bett gesessen und ausgerechnet in den letzten Minuten war sie allein. Traurig war ich nicht, auch Gero nahm es gelassen auf. Irgendwie war ich zufrieden zu wissen, dass Ella von ihrem Leid erlöst war und in der Hoffnung einem schönen Ziel entgegen ging.

Zuerst benachrichtigte ich Beate, wir trafen uns dann im Lutherhaus. Ella lag in ihrem Bett als schlief sie. Die Schwestern hatten sie schon angezogen. Sie hatte ein blaues Kleid an mit kurzen Ärmeln, obwohl ihr doch immer so kalt war. Sie hatte so viele Kleider mit langem Arm, aber es ging wohl um die Farbe blau. Oft fallen einem in wichtigen Augenblicken so nebensächliche Sachen auf. Schwester Roswitha, Beate und ich nahmen von Ella Abschied. Wir beteten gemeinsam ein Vaterunser und verließen das Zimmer.

Alles was dann kam ging sehr schnell. Die Beisetzung, das anschließende Kaffeetrinken, das wir immer so gern getan hatten, und das Ausräumen ihres Zimmers. Wir räumten das Zimmer schnell leer, da wir jeden Tag bezahlen mussten. Das Sozialamt übernahm solche Kosten nicht. Beate und ich standen nach einigen Stunden in dem leeren Raum. Die Situation war mir nicht fremd, hatte ich doch schon einmal in einer leeren Wohnung gestanden. Die letzten Tage zogen an mir vorbei. Ich war wirklich froh, dass Ella es mit fast 94 Jahren doch noch verhältnismäßig schnell geschafft hatte. Beate sah mich an und ohne ein Wort zu sagen, verließen wir das Zimmer.

Sechs Wochen später wurde das Grab aufgearbeitet. Wir erfüllten Ella noch ihren letzten Wunsch. Sie wollte als Grabstein ein Buch, warum, weiß ich nicht, gelesen hat sie nie sehr viel.

Ein Leben ist zu Ende gegangen, da wo sie nie hin wollte.

Wir durften sie ein Stück ihres Lebens begleiten. Ein neues Leben wird beginnen, davon bin ich überzeugt, auch für unsere
     Ella.